John Stott

Christsein in den Brennpunkten unserer Zeit

Band 2

... im globalen Bereich

Verlag der Francke-Buchhandlung
Marburg an der Lahn

CIP-Kurztitelaufnahme der Deutschen Bibliothek

Stott, John R. W.:
Christsein in den Brennpunkten unserer Zeit /
John Stott. [Dt. von Bettina Dietze u. Leslie Richford]. — Marburg : Francke
Einheitssacht.: Issues facing Christian today <dt.>

Bd. 2. ... im globalen Bereich. — 1987.
(Edition C : D, Das Wort beim Wort genommen; Nr. 11)
ISBN 3-88224-564-6

NE: Edition C / D

Originaltitel: Issues Facing Christians Today - Part II

Published by Marshall Morgan & Scott, England

Deutsch von Bettina Dietze und Leslie Richford
Umschlaggestaltung: Herybert Kassühlke
Satz: Typo Schröder, Dernbach / Dierdorf
Druck: Druckhaus Gummersbach

Edition C, Nr. D 11

Inhaltsverzeichnis

Einleitung

Eines der bemerkenswertesten Kennzeichen der weltweiten evangelikalen Bewegung in den letzten 10 bis 15 Jahren ist das Wiederaufleben unseres vorübergehend in Vergessenheit geratenen sozialen Verantwortungsbewußtseins. Ungefähr fünfzig Jahre lang, etwa zwischen 1920 und 1970, hatten sich evangelikale Kreise vornehmlich der Verteidigung des historischen biblischen Glaubens gegen die Angriffe des Liberalismus gewidmet und sich gegen die liberale These vom »sozialen Evangelium« gewandt. Heute hingegen sind wir der Überzeugung, daß Gott uns in seiner Welt sowohl soziale als auch evangelistische Aufgaben übertragen hat. Doch nachdem wir diese Tatsachen ein halbes Jahrhundert lang ignoriert haben, sind wir auf diesem Gebiet inzwischen weit ins Hintertreffen geraten. Wir haben viel nachzuholen.

Das vorliegende Buch ist mein persönlicher Beitrag zur Dekkung dieses Nachholbedarfs. Die Anregung dazu erhielt ich in den Jahren 1978/79, als mich der damalige Rector of All Souls Michael Baughen, der inzwischen Bischof von Chester ist, einlud, eine Sonderpredigtreihe zum Thema »Aktuelle Fragen in Großbritannien« zu halten. Mehrere Kapitel dieses Buches sind ursprünglich auf der Kanzel entstanden; später erweiterte ich diese Predigten zu Vorlesungen am London Institute for Contemporary Christianity (Londoner Institut für zeigemäßes Christentum), einer Institution, die es sich zur Aufgabe gemacht hat, die vielschichtigen und schwierigen Probleme der heutigen Zeit aus christlicher Perspektive darzustellen.

Ich muß gestehen, daß ich beim Schreiben dieses Buches mehrfach versucht war, aufzugeben. Mal erschien es mir töricht, mal vermessen, mich an ein derartiges Unternehmen heranzuwagen. Ich bin nämlich durchaus kein Fachmann auf den Gebieten der Moraltheologie oder der Sozialethik, und habe auch einige Themenkreise behandelt, in denen ich weder über spezielle Sachkenntnis noch Erfahrung verfüge. Abgesehen davon ist jedes der behandelten Themen sehr vielschichtig, und es gibt umfangreiche Literatur dazu, die ich nur teilweise habe lesen können, und schließlich gibt es zu allen Fragestellungen kontroverse Standpunkte, einige Themen sind sogar höchst brisant. Trotzdem habe ich mich nicht davon abhalten lassen, dieses Buch zu Ende zu führen, und zwar hauptsächlich deshalb, weil ich ja keinen Anspruch auf professionellen Schliff erhebe. Mein Anliegen besteht vielmehr darin, der Öffentlichkeit in aller Bescheidenheit den amateurhaften Beitrag eines Durchschnittschristen zu präsentieren, der sich um eine christliche Einstellung bemüht, d.h. der versucht, die drängenden Fragen unserer Zeit aus der Perspektive der biblischen Offenbarung zu beantworten.

Um diese Perspektive geht es mir in erster Linie. An den Anfang stellen möchte ich das Bekenntnis zur Bibel als dem »geschriebenen Wort Gottes«. Auf dieser Grundvoraussetzung beruhen die Aussagen dieses Buches, und es ist in diesem Rahmen nicht meine Aufgabe, sie zu diskutieren. Aber nicht nur zu diesem Bekenntnis sind wir als Christen verpflichtet, sondern auch gegenüber der Welt, in die Gott uns gestellt hat, und diese beiden Verpflichtungen sind scheinbar schwer miteinander in Einklang zu bringen. Als eine Sammlung von Schriften, die sich auf spezielle Ereignisse beziehen, die schon lange Zeit zurückliegen, wirkt die Bibel mitunter stark veraltet. Sie erscheint uns unvereinbar mit dem Leben in der westlichen Zivilisation, mit Raumfahrt und EDV-Systemen. Wie jeder heutige Christ stehe auch ich in diesem Spannungsfeld zwischen zwei Welten, die viele Jahrhunderte auseinanderliegen. Dennoch habe ich mich bemüht, der Versuchung zu widerstehen, mich aus einer der beiden Welten zurückzuziehen und vor der Spannung zu kapitulieren.

Manche Christen sind so stark von ihrem Bemühen um kompromißlose Treue gegenüber der göttlichen Offenbarung in Anspruch genommen, daß sie die Herausforderung der heutigen Zeit einfach ignorieren und in der Vergangenheit leben. Andere wiederum bemühen sich in erster Linie darum, auf ihre Umwelt zu reagieren, und verdrehen die Offenbarung Gottes und biegen sie so zurecht, daß sie ihrer Vorstellung von Relevanz gerecht wird. Ich habe versucht, auf keinen der beiden Irrtümer hereinzufallen. Es steht einem Christen frei, sich weder von einem veralteten noch einem modernen Zeitgeist beherrschen zu lassen. Ich habe mich stattdessen ehrlich bemüht, mich im Rahmen unserer heutigen Wirklichkeit der Offenbarung aus der Vergangenheit zu fügen. Es ist nicht leicht, Loyalität gegenüber der Vergangenheit mit Einfühlungsvermögen und Verständnis für die Gegenwart zu vereinbaren.

Doch darin besteht eben unsere Berufung als Christen: wir sollen unter dem Wort in der Welt leben.

Ich habe vielen Leuten für ihre Unterstützung bei der Erstellung dieses Buches zu danken. Ich danke zunächst der »Apostolischen Sukzession« meinen Studienassistenten – Roy McCloughry, Tom Cooper, Mark Labberton, Steve Ingraham und Bob Wismer – die Bibliographien zusammengestellt, Diskussionsgruppen über Predigtthemen organisiert, Informationen zusammengetragen und Verweise überprüft haben. Bob Wismer danke ich besonders für seine Hilfe im Abschlußstadium dieser Arbeit, er hat das Manuskript zweimal gelesen und wertvolle Vorschläge gemacht. Das gleiche gilt für Frances Whitehead, meiner Sekretärin seit 28 Jahren, die zusätzlich in gemeinsamer Arbeit mit Vivienne Curry das Manuskript ins Reine geschrieben hat. Steve Andrews, mein derzeitiger Studienassistent, hat sich durch unermüdliches Korrekturlesen ausgezeichnet. Dank sei auch den Freunden gesagt, die einzelne Kapitel gelesen und nützliche Kommentare abgegeben haben: Oliver Barclay, Raymond Johnston, John Gladwin, Mark Stephens, Roy McCloughry, Myra Chave-Jones und meine Kollegen vom London Institute, Andrew Kirk (Mitglied des Institutsvorstands) und Martyn Eden (Dekan). Mein besonderer Dank gilt Jim Houston, dem Gründungsrektor und heutigen Kanzler des Regent College in Vancouver, dessen Ansichten über die Notwendigkeit eines realitätsbezogenen und umfassenden christlichen Weltbildes mir persönlich wichtige Denkanstöße geliefert und die Gründung des Londoner Instituts ausgelöst haben.

John Stott, Juni 1984

1. Die atomare Bedrohung

Unter all den weltweiten Problemen, die die Menschheit heute bedrohen, ist wohl keines gravierender als die Gefahr eines atomaren Holocaust. Der Krieg hat schon immer seine Schrecken gehabt, gleichgültig, ob er mit Steinen und Stöcken, Pfeil und Bogen, Schwertern und Lanzen, Musketen und Gewehren oder Bajonetten und Bomben ausgetragen wurde. Aber im Falle dieser sogenannten konventionellen Waffen gab es stets die Möglichkeit von Kontrolle und Begrenzung, und Krieg bedeutete den Kampf zwischen gegnerischen Armeen. Mit dem Anbruch des Atomzeitalters aber waren die meisten militärischen Traditionen überholt. »Die Freisetzung der Atomkraft«, sagte Albert Einstein, »hat alles verändert, nur nicht unsere Denkweise. Deshalb treiben wir einer Katastrophe nie dagewesenen Ausmaßes entgegen... Völlig neue Denksätze sind erforderlich, wenn die Menschheit überleben will.«[1] Er hat nicht übertrieben. Es steht heute in unserer Macht, das gesamte zivilisatorische Erbe aus der Vergangenheit, das empfindliche ökologische Gleichgewicht unserer gegenwärtigen Biosphäre und sogar durch Strahlung das genetische Potential der Zukunft völlig zu zerstören, und so steht in der Tat das nackte Überleben der Menschheit und unseres Planeten auf dem Spiel.

Der Realität ins Auge sehen

Christliches Denken bewegt sich nicht im luftleeren Raum. Wie unerschütterlich wir auch an der ein- für allemal erfolgten Selbstoffenbarung Gottes in Christus und der Heiligen Schrift festhalten mögen, müssen wir uns trotzdem bemühen, sie zu der unbarmherzigen Realität unserer Gegenwart in Beziehung zu setzen. In unserem Bestreben nach Erkenntnis des Willen Gottes können wir deshalb Offenbarung und Wirklichkeit nicht voneinander trennen.

a) Das Wettrüsten

Die Länder der NATO und des Warschauer Paktes verfügen zusammen über Streitkräfte von insgesamt zwölf Millionen Mann. Schätzungen zufolge besitzen die beiden Supermächte zusammen mindestens fünfzehntausend strategische (interkontinentale) und siebenundzwanzigtausend taktische (Kurzstrecken- oder Gefechts-) Waffen mit atomaren Sprengköpfen.

Die gesamte Zerstörungskraft dieser nahezu fünfzigtausend Atomwaffen (manche reden sogar von sechzigtausend) soll insgesamt über eine Million mal stärker sein als die der Hiroshima-Bombe. Jedes der neuen Trident II U-Boote, die die alten Typen Poseidon und Polaris ersetzen sollen, kann vierundzwanzig Raketen aufnehmen, von denen jede (je nach Reichweite) mit acht bis vierzehn atomaren Sprengköpfen bestückt ist, die voneinander unabhängig auf verschiedene Ziele gerichtet sind. Jede dieser Raketen ist zwölfmal so stark wie die Hiroshima-Bombe, so daß alle zusammen zwischen einhundertzweiundneunzig und dreihundertsechsunddreißig verschiedene Ziele zerstören können. Ein einziges Trident II U-Boot hat somit die Zerstörungskraft von 2304 bis 4032 Hiroshima-Bomben.[2] Vierzehn Tridents sind derzeit im Bau. Das SALT II Abkommen hätte im Falle seiner Ratifizierung überdies nur eine Begrenzung von Anzahl und Typen der Raketen festgelegt, während die Bestückung der Raketen mit atomaren Sprengköpfen unbegrenzt hätte vermehrt werden können. Es ist die grauenhafte »Overkill-Kapazität« dieser nuklearen Waffenarsenale, die den Beobachter entsetzt. So sagte zum Beispiel der amerikanische Rußlandexperte George Kennan im Mai 1981 in Washington anläßlich seiner Auszeichnung mit dem Albert Einstein Friedenspreis, die Atommächte seien »wie hypnotisiert, wie Schlafwandler oder Lemminge auf dem Weg zum Wasser«. Die amerikanischen und sowjetischen Atomwaffenarsenale, fuhr er fort, seien in ihrer nahezu unvorstellbaren Schlagkraft ihrem angeblichen Zweck völlig unangemessen und überflüssig. Er forderte beide Supermächte energisch auf, sofort radikal durchzugreifen und ihr gesamtes nukleares Rüstungsarsenal umgehend um fünfzig Prozent zu kürzen und adäquate Maßnahmen zur Verwirklichung dieser Kürzungen auszuarbeiten. Aber sein Aufruf blieb bisher unbeachtet.

b) Rüstungsausgaben

Um das Ausmaß der Rüstungsfabrikation richtig einschätzen zu können, dürfen wir jedoch nicht nur die Menge oder Zerstörungskraft der produzierten Waffen berücksichtigen, sondern müssen auch den Kostenaufwand bedenken. Die Ausgaben für Verteidigungszwecke betrugen 1982 in Großbritannien fünf Prozent des Brutto-sozialproduktes, in den USA sechs Prozent und in der Sowjetunion neun Prozent (manchen westlichen Schätzungen zufolge sogar das Doppelte), und in einigen Ländern der Dritten Welt waren die Rüstungsausgaben noch wesentlich höher. Im Jahre 1982 betrugen die jährlichen Rüstungsausgaben aller Länder gemeinsam insgesamt etwa 650 Milliarden Dollar. Statistisch gesehen ist das mehr als ein Zwanzigstel ihres jeweiligen Gesamtjahreseinkommens.[3] Es ist auch mehr als eine Million Dollar pro Minute. Präsident Eisenhower sagte einmal: »Jede Schußwaffe, jedes Kriegsschiff und jede Rakete bedeutet einen Diebstahl an denen, die hungern und frieren und die nichts zum Essen und zum Anziehen haben.«[4] Sein Begriff von Diebstahl mag zwar in diesem Zusammenhang mehr rhetorischen Zwecken gedient als ökonomische Tatsachen widergespiegelt haben, aber er drückte auf jeden Fall sein Gefühl der Empörung über das Ungleichgewicht der Ausgaben für Waffen und für Entwicklung aus. Was hätte er wohl zu den heutigen Waffenarsenalen gesagt? Wie paßt es zusammen, daß tausende Millionen für Waffen ausgegeben werden, während achthundert Millionen Menschen Not leiden?

c) Ausweitung des internationalen Atomwaffengeflechts

Von fünf Ländern weiß man zum gegenwärtigen Zeitpunkt mit Gewißheit, daß sie sich im Besitz atomarer Waffen und der dazu gehörigen Abschußanlagen befinden. Es sind dies die Vereinigten Staaten, die UdSSR, Großbritannien, Frankreich und China. Von neun weiteren Ländern weiß man, daß sie in der Lage sind, Atomwaffen zu entwickeln, nämlich Argentinien, die Bundesrepublik Deutschland, die Niederlande, Japan, Indien, Israel, Südafrika, Pakistan und Ägypten. Zu weiteren Ländern, die ebenfalls Erfahrung im Umgang mit Atomkraft haben und zuweilen als »Schwellenländer« bezeichnet werden, gehören Brasilien, Irak, Libyen, Südkorea und Taiwan. Insgesamt sind es also neunzehn Nationen. Warnende Stimmen sprechen schon von einer baldigen Verdoppelung dieser Zahl auf fünfunddreißig bis vierzig Länder, während im Jahre 2000 der »Atom-Club« bereits nahezu einhundert Mitgliedstaaten zählen könnte. Ein Vertreter der Befürworter von Rüstungskontrolle und Abrüstung soll bereits 1975 von der

»Unumgänglichkeit der weltweiten Verbreitung der Atomtechnologie« gesprochen haben. Die zunehmende Verwendung von Atomenergie vergrößert dieses Risiko und auch die Gefahr von Unfällen.

d) Die Konsequenzen eines Atomkriegs

Die grauenerregenden Auswirkungen einer atomaren Explosion können uns wohl kaum deutlicher vor Augen geführt werden als durch die Augenzeugenberichte aus Hiroshima und Nagasaki. Den folgenden Ausschnitt aus einem solchen Bericht zitierte Lord Mountbatton kurz bevor er selbst durch eine sinnlose Gewalttat ums Leben kam: »Plötzlich erschien am Himmel ein grelles, rosaweißliches Licht, gleichzeitig gab es ein unnatürliches Erdbeben und unmittelbar darauf folgten eine unerträgliche Hitzewelle und ein Windstoß, der alles mitriß, was ihm im Wege stand. Innerhalb weniger Sekunden wurden in den Straßen des Stadtzentrums Tausende von Menschen von einer sengenden Hitzewelle verbrannt. Viele waren sofort tot. Viele andere lagen auf den Straßen und wanden sich schreiend und vor Schmerzen fast bewußtlos in den unerträglichen Qualen, die ihre Verbrennungen ihnen verursachten. Alles, was der vernichtenden Woge im Weg stand, wurde zerstört. Nichts blieb stehen... Hiroshima gab es nicht mehr.«

Das war nur das Ergebnis einer einzigen und sehr begrenzten atomaren Explosion. Die Konsequenzen eines Atomkriegs jedoch sind überhaupt nicht vorausberechenbar, weil viel zuviele Unwägbarkeiten, wie zum Beispiel die Anzahl der verwendeten atomaren Sprengköpfe, die Bevölkerungsdichte in den betroffenen Gebieten, die unterschiedlich verfügbaren Maßnahmen zum Schutz der Zivilbevölkerung und die klimatischen Bedingungen zum betreffenden Zeitpunkt eine Rolle dabei spielen. Eine amerikanische Parlamentsstudie mit dem Titel »Die Folgen des Atomkrieges« (1979) stellt jedoch fest, daß bereits »die Mindestfolgen entsetzlich« wären und beschreibt die sich jeweils steigernden Konsequenzen von vier möglichen Fällen. Der Angriff einer einzigen Megatonnenrakete auf eine einzelne Stadt wie Detroit oder Leningrad würde zwei Millionen Tote und eine weitere Million Verletzte zur Folge haben. »Ein umfassender Großangriff auf eine Reihe von militärischen und wirtschaftlichen Zielen« würde bei einem Erstschlag der UdSSR und einem Vergeltungsschlag der

Vereinigten Staaten den Tod von siebenundsiebzig Prozent der amerikanischen Bevölkerung (hundertundsechzig Millionen) und bis zu vierzig Prozent der (mehr in ländlichen Gegenden verstreut lebenden) russischen Bevölkerung bedeuten. Diese Ausfälle wären jedoch nur die unmittelbare Folge der Hitze, der Druck- und Feuerwelle und der direkten Strahlung der ersten dreißig Tage. Viele weitere Millionen jedoch würden an ihren Verletzungen sterben (da die medizinische Versorgung völlig unzureichend wäre), von Epidemien dahingerafft werden, (weil die Kanalisationssysteme zusammenbrechen würden und kein sauberes Wasser mehr zur Verfügung stehen würde), oder während des ersten Winters danach verhungern oder erfrieren, (weil die entsprechenden Versorgungssysteme nicht mehr funktionieren würden). Eine schwärzliche und giftige Rauchwolke würde über dem verwüsteten Gebiet hängen und nicht nur viele der Überlebenden vergiften, sondern auch die Wärme und das Licht der Sonne so vollständig von der Erde fernhalten, daß diese in einem eiszeitähnlichen Zustand zurückverfallen würde. Die Anzahl der Krebsopfer würde sich auf lange Sicht drastisch vermehren und sowohl genetische Folgen als auch die Verwüstung der Ökologie würden sich noch Jahrzehnte lang weiterentwickeln ohne in irgendeiner Form vorausberechenbar zu sein.[5]

Theologische und moralische Perspektiven

Christen sind sich zwar bezüglich der Einstellung Christi zum Krieg nicht einig und sind das wohl noch nie gewesen, aber wir sollten es dennoch einerseits mit unserer Uneinigkeit nicht übertreiben und andererseits die grundsätzlichen Punkte, über die wir uns einig sind, nicht unterschätzen. So sind sich beispielsweise alle Christen darin einig, daß das von Jesus herbeigeführte Reich Gottes die Herrschaft Gottes in Gerechtigkeit und Frieden ist. Ferner, daß Jesus die Ideale des Reiches, das er verkündete, durch seine Lebensführung in vollkommener Weise verkörperte, daß die Bewohner des Reiches nach Gerechtigkeit hungern, dem Frieden nachjagen, auf Rache verzichten, ihre Feinde lieben oder in anderen Worten vom Kreuz Christi geprägt sein sollen, und daß im vollendeten Reich Gottes die Menschen »ihre Schwerter zu Pflugscharen schmieden und ihre Spieße zu Rebmessern. Kein Volk wird wider das andre das Schwert erheben, und sie werden den Krieg nicht mehr lernen« (Jes. 2,4). All das bedeutet zwangsläufig, daß wir als Christen uns primär auf Frieden und Gerechtigkeit verpflichtet haben. Die Bemühungen um Frieden und Gerechtigkeit sind zugegebenermaßen mit einem höheren Aufwand verbunden, als allseitige Beschwichtigung. Auch die Loyalität, Aufopferung und Tapferkeit im Kriegsdienst stehender Soldaten bewundern wir, was aber nicht dazu führen darf, daß wir den Krieg an sich verherrlichen und glorifizieren, wie gerechtfertigt uns der Zweck, zu dem er geführt wird, auch erscheinen mag. Manche Christen glauben, dem Krieg unter bestimmten Voraussetzungen als dem geringeren Übel das Wort reden zu müssen, aber eine wirklich christliche Einstellung kann im Kriege niemals mehr als die durch eine gefallene Welt bedingte schmerzliche Notwendigkeit sehen. Abgesehen von dieser allgemeinen Grundhaltung der Bibel gibt es jedoch drei Standpunkte, die von verschiedenen Christen eingenommen und verteidigt werden, nämlich den totalen Pazifismus, die Annahme eines gerechtfertigten Krieges und den relativen (auf Atomwaffeneinsatz beschränkten) Pazifismus.

a) Der totale Pazifismus

Pazifisten berufen sich im allgemeinen auf die Bergpredigt, oder gehen zur Begründung ihres Bekenntnisses zur Gewaltlosigkeit zumindest von diesem Teil der Lehre Jesu aus. Jesus sagte, wir sollen dem, der uns Böses will, nicht widerstehen. Anstattdessen sollen wir ihm, wenn er uns auf die rechte Backe schlägt, auch die linke hinhalten. Wir sollen unsere Feinde lieben, denen Gutes tun, die uns hassen, und für die beten, die uns verfolgen. Nur so können wir uns als die Kinder unseres himmlischen Vaters erweisen, denn er gibt seine Liebe, ohne einen Unterschied zu machen, und läßt Gute und Böse gleichermaßen an den Segnungen von Regen und Sonne teilhaben. Diejenigen zu hassen, die uns lieben, ist die Art des Teufels. Diejenigen zu lieben, die uns lieben, und die zu hassen, die uns hassen, ist die Art der Welt. Wenn wir jedoch Jesus nachfolgen und entsprechend den Maßstäben seines Reiches leben wollen, dann müssen wir auch die lieben, die uns hassen (Matthäus 5,38-48; Lukas 6,27-36).

Jesus setzte überdies seine Lehre auch in die Tat um und setzte selbst ein Beispiel für seine Aufforderung zum Verzicht auf Wider stand. Er widerstand weder dem Verrat noch der Verhaftung, weder dem Prozeß noch der Verurteilung, weder der Folter noch der Kreuzigung. Wenn er beleidigt wurde, übte er keine Vergeltung. Er war der unschuldige, leidende Diener des Herrn. »Er ward mißhandelt und beugte sich und tat seinen Mund nicht auf, wie ein Lamm, das zur Schlachtbank geführt wird, und wie ein Schaf, das vor seinen Scherern verstummt« (Jes. 53,7). Er begegnete denen, die ihn verachteten und zurückwiesen, mit Liebe. Er betete sogar um Vergebung für diejenigen, die ihn ans Kreuz schlugen.

Aus all dem schließen die Pazifisten, daß Lehre und Beispiel Jesu uns verpflichten, den Weg der Gewaltlosigkeit und des Verzichts auf Widerstand zu gehen. Dies ist der Weg des Kreuzes, den wir einschlagen müssen, denn Jesus hat uns aufgefordert, unser Kreuz auf uns zu nehmen und ihm nachzufolgen. Abgesehen davon scheint es historisch erwiesen zu sein, daß die große Mehrheit der Christen während der ersten drei Jahrhunderte, bis zur Bekehrung Kaiser Konstantins, den Wehrdienst verweigerte. Es gibt eindeutige Hinweise darauf, daß ihre Weigerung mit götzendienerischen Praktiken im Zusammenhang stand, die in der römischen Armee üblich waren. Die Pazifisten behaupten auch, daß die frühen Christen Krieg mit ihrem christlichen Gehorsam als unvereinbar betrachteten. Das ist aber nicht erwiesen. Die pazifistische Einstellung wurde von den sogenannten »Radikalen Reformatoren« des sechzehnten Jahrhunderts übernommen (dazu gehörten die verschiedenen Wiedertäufergruppierungen) und hat sich bis heute bei den »Friedenskirchen« (Quäker, Mennoniten, Brüdergemeinden und andere) erhalten und wird auch von durchaus beträchtlichen Minderheiten innerhalb der »historischen« Reformationskirchen vertreten.

b) Die Annahme eines »gerechtfertigten« Krieges

Die Vorstellung vom »gerechtfertigten Krieg« stammt aus vorchristlicher Zeit und läßt sich sowohl auf die »heiligen Kriege« des Alten Testamentes als auch auf gewisse Lehren der griechischen und römischen Ethik zurückführen. Augustinus »christianisierte« die Idee dann im vierten Jahrhundert, Thomas von Aquin systematisierte sie im dreizehnten und Francisco de Vitoria entwickelte sie im sechzehnten Jahrhundert weiter. Auch die Mehrzahl der Reformatoren übernahm diese Vorstellung. Heute unterstützen die Mehrheit der Anhänger der römisch-katholischen und der protestantischen Kirchen diese Ansicht. Man hat die Annahme eines »gerechtfertigten Krieges« auf verschiedene Weise formuliert, stimmte aber im allgemeinen in der Bezeichnung folgender sieben Voraussetzungen überein: offizielle Kriegserklärung, letzter Ausweg, gerechter Zweck, gute Absicht, angemessene Mittel, Immunität der Zivilbevölkerung und schließlich vernünftige Ausgangserwartung.

Diese sieben Kriterien überschneiden sich jedoch in verschiedenen Punkten, und ich finde es deshalb sinnvoller, die Voraussetzungen auf drei zu reduzieren, die Kriegsbeginn, Kriegsführung und -beendigung betreffen. Soll ein Krieg gerechtfertigt sein, muß er erstens aus gerechtem Anlaß geführt werden. Er darf kein Angriffskrieg sein, sondern muß defensiven Charakter haben. Sein Zweck muß in der Sicherung von Gerechtigkeit, der Beseitigung von Ungerechtigkeit, dem Schutz von Unschuldigen oder der Verteidigung der Menschenrechte liegen. Er darf nur als letzte Möglichkeit in betracht gezogen werden, nachdem alle Verhandlungen und alle Versuche, eine friedliche Einigung zu erzielen, gescheitert sind. Er darf nur auf eine (einem Ultimatum folgende) formelle Kriegserklärung hin erfolgen, die von der rechtmäßigen Obrigkeit, und nicht von einzelnen oder Teilen der Bevölkerung ausgesprochen wurde. Die Absicht, mit der ein Krieg geführt wird, muß überdies ebenso gerecht sein wie sein Zweck. Falsche Motive können keinem gerechten Zweck dienen. Haß, Feindseligkeit oder Rachdurst dürfen keine Rolle spielen.

Zum zweiten müssen die Kriegsmittel kontrolliert eingesetzt werden. Es darf nicht zu willkürlicher oder unnötiger Gewaltanwendung kommen. Es gibt zwei Schlüsselbegriffe, die legitime Gewaltanwendung zur Erreichung eines gerechten Zwecks beschreiben: »Angemessenheit« und »Zielgerichtetheit«. »Angemessenheit« zeigt an, daß der Krieg als das geringere Übel angesehen wird und daß die dadurch entfesselte Gewalt in einem untergeordneten Verhältnis zu der zu bekämpfenden steht, und daß letztendlich mehr gewonnen als verloren wird. »Zielgerichtetheit« bedeutet, daß die Kampfhandlungen sich auf das gegnerische Militär und auf militärische Ziele beziehen und daß die Zivilbevölkerung nicht angegriffen wird. Wir müssen dabei freilich einräumen, daß ein vollkommener Schutz der Zivilbevölkerung nicht gewährleistet werden kann. Zumindest theoretisch muß diese Unterteilung jedoch bei einem »gerechtfertigten Krieg« gewährleistet sein, ebenso wie der bewußte Mord an Zivilisten verurteilt werden muß. Der Grundsatz der Immunität der Zivilbevölkerung tauchte indirekt bereits in den Haager Abkommen (1899-1907) auf, wurde in den Genfer Abkommen und ihrem Zusatzprotokoll (1949 und 1977) ausdrücklich festgelegt und wurde von der Generalversammlung der Vereinten Nationen (1970) auf das deutlichste bekäftigt.

Zum dritten muß das Ergebnis eines Krieges vorhersehbar sein. Das heißt, wie bei dem König, der in Jesu Gleichnis die Kosten überschlug, bevor er in den Krieg zog (Luk. 14,31,32), daß die Wahrscheinlichkeit eines Sieges und damit die Verwirklichung des gerechten Zweckes, zu dem der Krieg geführt wird, vorausberechnet werden kann. Zusammenfassend kann gesagt werden, daß ein Krieg dann als gerechtfertigt gelten kann, wenn er einen gerechten Zweck verfolgt, wenn er unter kontrolliertem Einsatz der Mittel geführt wird und wenn eine berechtigte Hoffnung auf Erfolg besteht.

Die Annahme eines »gerechtfertigten Krieges« beruht freilich nur auf Konvention und ob diese auch von der Heiligen Schrift befürwortet wird, ist eine andere Frage. Manche versuchen, das so zu sehen, und stützen sich dabei auf die von Jahwe angeordneten und geführten Kriege im Alten Testament. Das ist nun allerdings sehr gewagt, denn diese Kriege wurden damals ausdrücklich gutgeheissen, während heute kein Volk der Erde beanspruchen kann, Israels bevorzugte Stellung als »heiliges Volk«, als Gottes ausgesondertes Bundesvolk oder echte Theokratie, einzunehmen. Eine bessere Grundlage bietet uns die Lehre des Paulus in Römer 13,1-7 über den Staat und der dazugehörige Zusammenhang. Sie befindet sich inmitten eines Abschnitts, der von der Nächstenliebe handelt, denn sie wird eingeleitet von ausdrücklichen Befehlen, unsere Feinde zu lieben und ihnen zu dienen, und endet mit Aussagen über die Liebe, die dem Nächsten nichts Böses zufügt (Röm. 12,14-21 und 13,8-10). Wir stehen hier einem schwierigen exegetischen Problem gegenüber. Besonders das Ende von Römer zwölf und der Anfang von Römer dreizehn scheinen miteinander in Konflikt zu stehen. Zunächst wird uns im Anklang an die Bergpredigt aufgetragen, niemandem Böses mit Bösem zu vergelten und dann wird, eher im Anklang an das Alte Testament, die Rolle des

Staates als Dienerin Gottes zum Zorngericht für den, der das Böse verübt, beschrieben. Zuerst heißt es, daß man den Bösen dienen soll, dann wiederum sollen sie bestraft werden. Wie können wir nun diese gegensätzlichen Anweisungen miteinander vereinbaren?

Die »Friedenskirchen« sagen im allgemeinen, daß die Forderung, unsere Feinde zu lieben, wichtiger sei, daß die obrigkeitliche Funktion des Staates nicht damit vereinbar sei und daß die christliche Gemeinschaft sich daher von den Funktionen des Staates fernhalten und keine Mitarbeit leisten solle. Ein beredter aktueller Vertreter dieser Auffassung ist Dale Aukerman mit seinem Buch »Das dunkelnde Tal – der Atomkrieg aus biblischer Sicht«. Aukerman leugnet die göttliche »Einsetzung« oder »Verordnung« der staatlichen Obrigkeit (»die staatliche Obrigkeit wird nicht von Gott geweiht oder geheiligt, denn eine solche Weihe ist der messianischen Gemeinschaft vorbehalten«) ebenso wie den Gedanken, daß die Obrigkeit in mehr als einem zweitrangigen Sinne die Dienerin Gottes sein könne. Er verwendet dazu zwei Vergleiche: Es sei wie in einer kaputten Ehe, in der Mann und Frau sich gegenseitig Vorwürfe machen und in der »jeder für den anderen das Ausführungsorgan der göttlichen Vergeltung« sei, obwohl Gott selbst nicht der Urheber ihres Streites sei; oder wie mit den Reichen der Assyrer und der Babylonier, die beide Werkzeuge des Gerichtes Gottes waren, obwohl Gott nicht der Urheber ihrer überheblichen Grausamkeit war. Ebenso läge auch die Gewalt der Obrigkeit nicht in der Absicht Gottes, hätte von ihm aber doch »einen Platz zugemessen bekommen..., eine Rolle bei der Verwirklichung seines Zornes«. Seine Schlußfolgerung lautet folgendermaßen: »Die Obrigkeit sündigt, wenn sie das Schwert trägt, das Herrschaft durch angedrohte oder ausgeübte Gewalt symbolisiert, denn sie handelt damit konträr zur Liebe Gottes, wie sie in den Versen unmittelbar vor und nach dem Einschub von Römer 13,1-7 beschrieben wird... dennoch hat die Obrigkeit innerhalb der Vergeltungsmechanismen, die einzusetzen, wenn Gott gegen die Sünde vorgeht, ebenso ihren berechtigten Platz, wie Assyrien oder das keifende Weib.«[6]

Diese Auslegung muß sich freilich herber Kritik aussetzen. Der Apostel Paulus unterstreicht, daß die Obrigkeit von Gott eingesetzt ist, daß er sie mit Autorität ausgestattet hat und daß wir uns daher eigentlich ihm unterordnen, wenn wir uns der Obrigkeit unterordnen, und uns gegen ihn auflehnen, wenn wir uns gegen die Obrigkeit auflehnen. Ferner ist derjenige, der sich in obrigkeitlicher Stellung befindet (also praktisch jeder Staatsbeamte) ein Diener Gottes zur Belohnung der Guten und zur Bestrafung der Bösen. Dreimal wiederholt Paulus, daß die Autorität der Obrigkeit die Autorität Gottes ist, und dreimal, daß der Dienst am Staat Dienst an Gott ist. Daraus scheint mir klar hervorzugehen, daß es sich hierbei nicht um unter Zähneknirschen gemachte Zugeständnisse handelt, daß Gott der Obrigkeit nicht nur »einen Platz zugemessen« hat und daß sie nicht sündigt, wenn sie Gewalt anwendet, um das Böse zu bestrafen. Vielmehr handelt es sich hier um eine ernstgemeinte Bekräftigung dessen, daß die Obrigkeit von Gott eingesetzt und mit Autorität ausgestattet worden ist und daß sie den Willen Gottes tut, wenn sie ihre Autorität gebraucht, um das Böse zu bestrafen.

Da das nun einmal so ist, sehe ich wirklich keinen Grund, warum Christen sich vom öffentlichen Leben fernhalten sollten. Vielmehr sollten sie sich in dem Bewußtsein daran beteiligen, daß sie dadurch ebenso zu Dienern Gottes werden wie die Pastoren, für die dieser Begriff ebenfalls gebraucht wird. Es ist durchaus nichts Ungewöhnliches daran, wenn Christen als Polizisten, Gefängnisaufseher, Politiker, Richter oder Stadträte arbeiten. Als Christen beten wir schließlich einen Gott an, der gerecht ist, und sind daher auch selbst dem Streben nach Gerechtigkeit verpflichtet. Die christliche Gemeinde sollte sich daher nicht von der weltlichen Gemeinschaft absetzen, sondern sollte vielmehr versuchen, sich für Christus in ihr festzusetzen. Unter denen, die die Rechtmäßigkeit christlicher Beteiligung an der Arbeit der weltlichen Autorität anerkennen, befinden sich die meisten Pazifisten außerhalb der »Friedenskirchen«. Wie alle anderen Christen betreiben sie jedoch ihre Mitarbeit weder kritiklos noch bedingungslos. So würden sie dem Staat beispielsweise keinen Gehorsam leisten, wenn er sie zu den Waffen riefe. Wie sollen wir nun aber die offensichtliche Diskrepanz zwischen Römer 12,17-21 mit seiner Aufforderung zum Liebesdienst an den Feinden und Römer 13,1-7 mit seiner Aufforderung, die Bösen zu bestrafen, lösen?

Auf der Suche nach einer Lösung fällt uns auf, daß die Kontrastierung von Vergebung und Bestrafung nicht nur im Vergleich der beiden Stellen zum Vorschein kommt, sondern daß dieser Kontrast bereits in der ersten Stelle vorhanden ist. Dem Gebot: »Ver geltet niemandem Böses mit Bösem« ist die Aussage: »Mir gehört die Rache, ich will vergelten, spricht der Herr« gegenübergestellt. Und auf das Gebot: »Rächet euch nicht selbst, Geliebte« folgt unmittelbar: »sondern gebet Raum dem Zorn Gottes«. Zorn und Vergeltung sind uns also nicht deshalb untersagt, weil sie an sich eine falsche Reaktion auf das Böse darstellen, sondern deshalb, weil sie allein Gott zustehen und sein Vorrecht sind. Auch Jesus handelte nach diesem Prinzip: »Als er gescholten wurde, schalt er nicht wieder; als er litt, drohte er nicht; er übergab es vielmehr dem, der gerecht richtet.« (1.Petr. 2,23).

Daher ist es besser, das Ende von Römer zwölf und den Anfang von Römer dreizehn als einander ergänzende Aussagen zu betrachten. Als Glieder der neuen Gemeinschaft Gottes sind wir sowohl private Individuen als auch Glieder einer staatlichen Gemeinschaft und können als solche auch Beamte sein. Als Individuen dürfen wir niemals persönliche Rache üben oder Böses mit Bösem vergelten, sondern sollen sogar die segnen, die uns verfolgen, und unseren Feinden dienen, und das Böse durch das Gute überwinden (Römer 12,14; 12,20; 12,21). Als staatliche Beamte aber sind wir, wenn Gott uns dazu ausersehen hat, als Polizeibeamter oder Gefängnisaufseher oder Richter zu dienen, Agenten Gottes zur Bestrafung derer, die Böses tun. Natürlich sind Zorn und Rache allein Gottes Sache, aber eines der Mittel, derer sich Gott heute zur Vollstreckung seines Urteils über einen Übeltäter bedient, ist nun einmal die staatliche Gewalt. Wenn es heißt, »gebet Raum dem Zorn Gottes«, dann bedeutet das auch, gelten zu lassen, was Paulus im dreizehnten Kapitel des Römerbriefes über die Obrigkeit schreibt: »Gottes Dienerin ist sie, eine Rächerin zum Zorngericht für den, der das Böse verübt« (Römer 13,4). Trotzdem kann natürlich in Rechtsprechung und -vollzug auch Gnade vor Recht ergehen, und so soll es auch sein. Als ausführendes Organ der staatlichen Obrigkeit soll es uns nicht nur darum gehen, das Böse zu bestrafen, sondern es zu überwinden; denn Strafe soll nicht nur zur Vergeltung, sondern auch als Anreiz zur Besserung ausgeführt werden.

Eines aber besagt diese Passage der Schrift deutlich, und zwar daß die staatliche Obrigkeit und ihre ausführenden Organe dazu berechtigt sind, Übeltäter ihrer gerechten Strafe zuzuführen, der einzelne hingegen nicht das Recht hat, das Gesetz in die eigene Hand zu nehmen. Es sollte eigentlich klar sein, daß die Rolle der staatlichen Obrigkeit als strafende Instanz einer streng einzuhaltenden Begrenzung und Kontrolle unterliegt. Im dreizehnten Kapitel des Römerbriefes findet sich keinerlei Rechtfertigungsmöglichkeit für ein Unrechtsregime, in dem die Begriffe »Recht und Ordnung« als Synonym für Tyrannei mißbraucht werden. Der Staat als ausführendes Organ für Gottes Gerechtigkeit hat nur beschränkte Kompetenzen, die sich auf die Bestrafung von Übeltätern begrenzen, d.h. auf Maßnahmen gegenüber einem genau festgelegten, identifizierbaren Personenkreis, der sich falsch verhalten hat und dafür vor den Richter gebracht werden muß.

Diese Aussage enthält implizit eine dreifache Beschränkung der staatlichen Machtkompetenz. *Erstens* beschränkt sich die Personengruppe, die der Staat bestrafen darf, auf Rechtsbrecher und Kriminelle. *Zweitens* darf der Staat bei Verhaftungen nur das notwendige Mindestmaß an Zwang ausüben, das dazu dient, den Verdächtigen einem Richter vorzuführen. *Drittens* darf die verhängte Strafe zu dem Vergehen nicht im Mißverhältnis stehen. Diese drei Beschränkungen der staatlichen Kompetenz müssen sorgfältig unter Kontrolle gehalten werden.

Diese Grundsätze gelten für Soldaten genauso wie für die Polizei. Die Unterscheidung dieser beiden Berufsgruppen und ihrer jeweiligen Kompetenzbereiche ist sowieso erst in neuerer Zeit entstanden. Als Paulus lebte, oblag die Rolle des Gesetzeshüters, der für Recht und Ordnung sorgt und die Unschuldigen schützt, nicht wie heute der Polizei, sondern den römischen Soldaten. Auch heute gibt es Fälle von regionalem Ausnahmezustand, z.B. in Bürgerkriegen, bei denen das Heer zur Unterstützung der Polizei herangezogen wird. In solchen Fällen ist der Einsatz des Heeres als Hilfsmaßnahme für die Aktionen der Polizei zu verstehen und dementsprechend zu regeln. So hat beispielsweise das britische Verteidigungsministerium die derzeitige Gesetzeslage bezüglich Sicherheitsmaßnahmen als Regeln zum »notwendigen Minimum an Maßnahmen« bezeichnet und führt weiter aus: »Es soll nur soviel Gewalt angewandt werden wie die Umstände erfordern und als notwendig erscheinen lassen. Gewaltsame Maßnahmen, die das zur Erreichung des unmittelbaren Zieles notwendige Maß übersteigen, können nicht als sinnvoll bezeichnet werden.« Das unmittelbare Ziel ist Verbrechensbekämpfung und -verhinderung und Verhaftung der Schuldigen.

Wie steht es nun, wenn der Störenfried nicht eine Gruppe oder ein einzelner, sondern ein fremdes Land ist? Hier wird mit der durchaus legitimen Schlußfolgerung argumentiert, daß die göttliche Legitimation des Staates zur Rechtspflege auch Maßnahmen gegen Übeltäter, die nicht Kriminelle, sondern Aggressoren sind, einschließe und damit auch den Schutz der Bürger vor Angriffen von innen und außen. Die Analogie ist allerdings nicht exakt. Denn erstens handelt ein Staat, der Krieg führt, als Richter in eigener Sache und nicht als unparteiischer Schiedsrichter, und zweitens haben Kriegserklärung und Kriegführung nichts mit der sachlichen Rechtsprechung eines Gerichtshofes gemein. Diese gravierenden Unterschiede bestehen noch, weil das internationale Recht in bezug auf Schlichtung, Intervention und Friedenssicherung noch in den Kinderschuhen steckt.

Trotzdem stellt die Theorie vom »gerechten Krieg« einen »systematischen Versuch dar, Kriegshandlungen in einen analogen Zusammenhang mit ziviler Regierung zu setzen«, sie betrachtet Kriegshandlungen als »zum Bereich der Rechtspflege gehörig« und als »den einschränkenden Maßstäben des Rechtsvollzugs untergeordnet«. Der Vollzug des Rechts aber, ob in Strafsachen, zum Schutze der öffentlichen Ordnung oder im Kriegsfall, muß stets auf die Bestrafung von Rechtsverstößen beschränkt sein und gewaltsame Mittel zur Vollstreckung dürfen das notwendige Mindestmaß nicht übersteigen. Es ist daher fraglich, ob eine solcherart eingeschränkte Rechtfertigung der Gewaltanwendung auch auf Kriege anwendbar ist, in denen Atomwaffen eingesetzt werden, da diese Waffen weder die oben erwähnte Beschränkung auf Bestrafung von Rechtsbrechern noch das geforderte Mindestmaß gewährleisten. Beleuchten wir diese Fragen aus der Perspektive eines dritten Standpunktes zum Thema Krieg, der ebenfalls von einigen Christen vertreten wird.

c) Relativer – auf Atomwaffeneinsatz beschränkter – Pazifismus

Die Erfindung von Atomwaffen hat der Debatte über Krieg eine völlig neue Dimension verliehen. Die alten Kategorien konventioneller Weisheit scheinen so überholt zu sein wie die konventionellen Waffensysteme. Die römisch-katholischen Bischöfe haben dieser Erkenntnis auf dem zweiten Vatikanischen Konzil mit der

Forderung Ausdruck verliehen: »Die Einstellung der Kirche zum Krieg muß völlig neu überdacht werden.«

Wir alle wissen, daß im Falle eines Atomkrieges die Zahl der Opfer in die Hunderte Millionen gehen würde, ohne daß es eine Möglichkeit gäbe, Krieg auf die Auseinandersetzung zwischen gegnerischen Armeen zu beschränken, wie das in der Vergangenheit im großen und ganzen möglich gewesen ist, wenn auch in unserem Jahrhundert bereits nicht mehr so eindeutig. Das hierfür relevante biblische Prinzip, welches wir hierbei bedenken und in die Tat umsetzen müssen, scheint mir der Grundsatz zu sein, daß das Vergießen unschuldigen Blutes eine große Sünde ist. In der Heiligen Schrift hat Blut die Bedeutung von Träger und Symbol des Lebens.[7] Blutvergießen ist also dasselbe wie jemandem gewaltsam das Leben zu nehmen, mit anderen Worten Totschlag oder Mord. Menschliches Leben aber ist nach dem Bilde Gottes erschaffen worden und ist unantastbar.

Im Alten Testament war Blutvergießen am Menschen nur in einem Zusammenhang ausdrücklich erlaubt, nämlich in Form der Todesstrafe für einen Mörder. Wie aus Exodus 21,22 und Levithicus 24 hervorgeht, sah das mosaische Gesetz in schweren Fällen die Todesstrafe durchaus vor, z.B. bei Entführung, Verfluchung der Eltern, Zauberei, Sodomie, Götzendienst und Blasphemie. Das aber widerspricht nicht dem Grundsatz: »Wer Menschenblut vergießt, dessen Blut soll auch durch Menschen vergossen werden; denn Gott hat den Menschen nach seinem Bilde gemacht« (Gen. 9,6). Das besagt, daß ein Mörder die Todesstrafe verdient. Nur in diesem Fall wird das Blut eines Schuldigen vergossen, in allen anderen Fällen von Tötung machen wir uns der Sünde des »Vergießens unschuldigen Blutes« schuldig. Aus diesem Verständnis heraus ist auch die alttestamentarische Einrichtung der Freistädte zu verstehen, derer es insgesamt sechs gab, drei auf jeder Seite des Jordan, und die gleichmäßig über das ganze Land verteilt waren. Zweck dieser Freistädte war die Errichtung eines Zufluchtsortes für Totschläger, die ohne Absicht getötet hatten und sich vor ihrem Bluträcher schützen mußten, damit jener sich nicht des Vergehens des »Vergießens unschuldigen Blutes« schuldig machen konnte. Grundlage dieser Einrichtung war also die Unterscheidung zwischen Mord (vorsätzlicher Tötung) und Totschlag (Tötung ohne Vorsatz).

Das Alte Testament unterschied jedoch nicht nur zwischen Mord und Totschlag, sondern auch zwischen Blutvergießen im

Krieg (was erlaubt war) und Blutvergießen im Frieden (was verboten war). So verurteilte David den Joab wegen seines Mordes an den beiden Heerführern Israels, Abner und Amasa, weil er »im Kriege vergossenes Blut zur Friedenszeit gerächt und unschuldiges Blut an den Gürtel um meine Lenden und an die Schuhe an meinen Füßen gebracht hat« (1.Kö. 2,5). Vor diesem Hintergrund des alttestamentarischen Gesetzes stießen die Propheten heftige Drohungen gegen Israel aus. Jeremia warnte sie vor dem kommenden Gericht Gottes, da sie ihn verlassen und Jerusalem entweiht hatten. In welcher Weise war das geschehen? Sie hatten in Jerusalem fremden Göttern geopfert und »diese Stätte mit dem Blute Unschuldiger erfüllt« (Jer. 19,4). So stellte Jeremia also Götzendienst und Blutvergießen auf dieselbe Stufe; keine Sünde gegen Menschen wog schwerer als das Vergießen unschuldigen Blutes, keine Sünde gegen Gott schwerer als Götzenverehrung. Auch Hesekiel warnt Jerusalem vor dem Zorn Gottes aufgrund derselben Vergehen: »Wehe der Stadt, die Blut vergoß in ihrer Mitte,..., und die sich Götzen machte – eine schwere Schuld – um sich zu verunreinigen!« (22,3). Beide Propheten stellten Götzenverehrung und Mord an Unschuldigen in Zusammenhang und als die beiden schwersten Sünden dar.

Auch im Neuen Testament erregt das Vergießen unschuldigen Blutes Abscheu und Entsetzen. Judas bekennt seine Sünde mit den Worten: »Ich habe gesündigt, indem ich unschuldiges Blut verraten habe« (Matth. 27,4). Pilatus erklärte sich für »unschuldig am Blute dieses Gerechten«, und das Volk antwortete unbekümmert: »Sein Blut komme über uns und über unsere Kinder« (Matth. 27,24-25). Das Zeugnis der Bibel über das Thema Blutvergießen ist sehr eindrucksvoll in seiner Übereinstimmung von der Zeit der Patriarchen an über Gesetz und Propheten bis zum Neuen Testament.

Menschliches Blut ist unantastbar, denn es ist das Leben der Menschen, die nach Gottes Bilde erschaffen worden sind. Deshalb ist das Vergießen unschuldigen Blutes die größte Sünde gegenüber der Menschheit, ganz gleich, ob es individuell in einem Mord geschieht oder kollektiv durch das Unrechtsregime einer totalitären Regierung. Blutvergießen an Unschuldigen war der Grund für das Gottesurteil über Israel im 7. vorchristlichen Jahrhundert, und im ersten nachchristlichen Jahrhundert traf es sie wiederum, weil sie das unschuldige Blut Jesu vergossen hatten. »Hände, die unschuldiges Blut vergießen«, heißt es in den Sprüchen (6,16,17), »gehören zu den Dingen, die der Herr haßt«.

Diese biblische Aussage dürfen wir nicht übersehen. Die rechtliche Autorität, die Gott der staatlichen Obrigkeit zubilligt, und die auch zum Tragen des Schwertes berechtigt (Römer 13,4), ist eng begrenzt. Die Polizei darf sich ihrer nur bedienen, um Straftäter zu verhaften und vor Gericht zu bringen, die Armee nur dazu, um eines gerechten Zieles willen und unter Einsatz gerechter Mittel einen gerechten Krieg zu führen. In beiden Fällen muß die Unantastbarkeit Unschuldiger gewahrt und gewährleistet bleiben, d.h. die Unantastbarkeit der Rechte gesetzestreuer Bürger in Friedenszeiten und der Zivilbevölkerung im Krieg. Deshalb ist jegliche unbegrenzte (oder unbegrenzbare), unkontrollierbare Gewaltanwendung, die keinen Unterschied macht, wen sie trifft und wen nicht, verboten.

Das trifft natürlich insbesondere in Kriegsfällen zu, wo die Unterscheidung zwischen kämpfender und ziviler Bevölkerung getroffen werden muß. Natürlich besteht auch die Armee aus Menschen, die nach Gottes Bild erschaffen worden sind und die vielleicht gegen ihren Willen zum Militärdienst eingezogen worden sind und die an den Verbrechen ihrer Regierung völlig unschuldig sein können. Wenn man aber die Prämisse gezogen hat, daß Widerstand gegen einen Aggressor legitim sein soll, dann ist es auch legitim, die Armee des Aggressors stärker als seinen Vertreter anzusehen als die Zivilbevölkerung. Diese Unterscheidung wird sowohl vom Internationalen Recht als auch von der Bibel bestätigt (»Schutz der Zivilbevölkerung in Kriegszeiten«; »Das Verbot, unschuldiges Blut zu vergießen«).

Betrachten wir nun, was dieses Prinzip in der Praxis bedeutet. *Erstens* ist die Immunität der Zivilbevölkerung ein Prinzip, das mit ungerichtetem (oder unrichtbarem) Einsatz »konventioneller«, d.h. nicht-atomarer Waffensysteme unvereinbar ist. Jedes christliche Gewissen empört sich angesichts solcher Vorfälle wie die Vernichtungsangriffe der Alliierten auf Hamburg, Köln und Berlin in den Jahren 1942 und 1943, und insbesondere auf Dresden im Jahr 1945, deren Ziel darin bestand, diese Städte mittels Bombenteppichen dem Erdboden gleichzumachen. Vorher hatten Briten und Amerikaner, allen voran Churchill und Roosevelt, die Bombenangriffe der Nazis auf feindliche Städte verurteilt und als abscheuliche Grausamkeit bezeichnet; in einer offiziellen Verlaut barung der britischen Regierung hieß es, Großbritannien beabsichtige keine Bombardierung nicht-militärischer Ziele, auch dann nicht, wenn die Nazis zu derartigen Mitteln griffen. Die Alliierten aber behielten sich das Recht vor, mit gleichen Mitteln zurückzuschlagen, falls sich die Nazis nicht an dieselben Beschränkungen hielten. Alliierte Bombenangriffe versetzten Hamburg 1943 und Dresden 1945 in ein Flammenmeer von entsetzlichem und unvorstellbarem Ausmaß. Dem zweitägigen Bombenangriff auf Dresden im Februar 1945 fielen ungefähr 135.000 Menschen zum Opfer (eine wesentlich höhere Zahl als die der unmittelbaren Todesopfer der Atombomben auf Hiroshima und Nagasaki). Unter den Opfern der Angriffe auf Dresden befanden sich u.a. Tausende von Flüchtlingen, die dem Vorstoß der Russen zu entkommen suchten. Ich persönlich bin dankbar, daß George Bell, der Bischof von Chichester, den Mut fand, im britischen Oberhaus gegen diese Bombardierungspolitik Protest zu erheben. »Vernichtungsangriffe gehören nicht zu den Kriegshandlungen, die man rechtfertigen kann«, sagte er, »und Methoden, die an sich unmenschlich sind, mit dem Argument, der Zweck heilige die Mittel, rechtfertigen zu wollen, riecht verdächtig nach der Naziphilosophie vom Recht des Stärkeren.« Der Bericht einer anglikanischen Kommission aus dem Jahre 1948 mit dem Titel: »Kirche und Atom« schließt sich diesem Urteil an und bezeichnet die Angriffe auf Dresden als »unvereinbar mit dem Zweck eines gerechten Krieges, da im vorliegenden Fall das Gebot der Unterscheidung gebrochen ist«.[8]

Zweitens ist die Immunität der Zivilbevölkerung ein Prinzip, das von vornherein die Verwendung solcher Kampfmittel ausschließt, von deren Einsatz eine unbestimmte Gruppe von Opfern (qualitativ wie auch quantitativ) betroffen wird. Dazu gehört zum Beispiel die Gruppe der sogenannten chemischen Kampfmittel, also Giftgas etc.. Die Verwendung von Giftgas im Ersten Weltkrieg bedeutete einen Verstoß gegen die Haager Konvention aus dem Jahre 1907. Das Genfer Protokoll von 1925 verpflichtet die Unterzeichnerstaaten, zu denen heute nahezu alle Nationen gehören, auf einen Verzicht vom Erstschlag mit chemischen Waffen. Im Zweiten Weltkrieg brach keiner der Unterzeichnerstaaten dieses Abkommen. Berichte von sogenannten »gelben Regen« haben jedoch in weiten Kreisen den Verdacht aufgebracht, daß die sowjetischen Truppen in Afghanistan, die kommunistischen Truppen in

Afghanistan, die kommunistischen Truppen in Kambotscha und Laos, und der Irak im Golfkrieg gegen den Iran Giftgas eingesetzt haben. Die modernen Nervengase aber bedeuten für den Chemiker dasselbe wie Atomwaffen für den Physiker. Gegen sie kann man sich nicht einmal durch Gasmasken schützen, weil sie durch die Haut in den Organismus eindringen können. Wenn solche chemischen Kampfmittel als Bomben über feindlichen Gebieten abgeworfen werden, muß mit einem Verhältnis von 1:20 unter den Opfern aus dem Heer und der Zivilbevölkerung gerechnet werden, da die Zivilbevölkerung nicht über die notwendige Schutzkleidung verfügt. Eine weitere Verfügung des Genfer Protokolls von 1925 verbot den Einsatz bakteriologischer Kampfmittel. Alle Unterzeichnerstaaten verpflichteten sich, weder chemische noch bakteriologische Kampfmittel als erster einzusetzen. Eine Konvention aus dem Jahre 1971 über die Verwendung biologischer oder bakteriologischer Waffen ging noch einen Schritt weiter und forderte die Beseitigung vorhandener Bakterienkulturen, die von einigen Staaten als potentielle Waffen gezüchtet werden, aber konkrete Maßnahmen zur Ausführung dieser Forderung wurden nicht vereinbart.

Drittens geht es um die Gruppe von Waffensystemen, die im Einsatz nicht kontrollierbar sind und daher nicht gezielt eingesetzt werden können, nämlich die Atom- oder Kernwaffen. Diese drei Waffengattungen (atomare, biologische und chemische Kampfmittel) werden auch als ABC-Waffen bezeichnet; wohl das entsetzlichste Alphabet, das man sich vorstellen kann. Erfindung und stete Weiterentwicklung von ABC-Waffen, insbesondere von Atomwaffen, lassen die Frage nach der moralischen Beurteilung des Krieges in einem völlig neuen Licht erscheinen; diese Entwicklung stellt die Relevanz der Theologie vom »gerechten Krieg« radikal in Frage. Ein Krieg könnte zwar nach wie vor eine berechtigte Ursache haben und ein gerechtes Ziel verfolgen, wenn dazu aber »taktische« oder »strategische« Waffensysteme eingesetzt werden, die der Massenvernichtung dienen, kann nicht mit einem für das ursprünglich gerechtfertige Ziel positiven Ausgang gerechnet werden, denn ein Atomkrieg ist nun mal keine Schlacht, bei der eine Seite gewinnt. Auch die Mittel zur Erreichung des Ziels wären nicht mehr gerecht, denn Atomwaffen sind weder ein angemessenes noch ein gezielt einsetzbares oder kontrollierbares Kampfmittel. Ein Atomkrieg würde Millionen Opfer unter der

Zivilbevölkerung fordern. Ein nuklearer Holocaust wäre ein Exzess im Vergießen unschuldigen Blutes.

Aus all diesen Gründen sind wir es unserem christlichen Gewissen schuldig, jeglichen Einsatz von Atom- oder ABC-Waffen, deren Auswirkungen unberechenbar sind, aus moralischen Gründen abzulehnen. Ein Atomkrieg kann niemals ein gerechter Krieg sein. Eine übereinstimmend ablehnende Haltung gegenüber jeder Form von Atomwaffeneinsatz aus moralischen Gründen scheint sich unter Christen immer stärker durchzusetzen. In einer Verlautbarung des Zweiten Vatikanischen Konzils heißt es: »Jede Kriegshandlung, die die wahllose Zerstörung ganzer Städte und Landstriche einschließlich ihrer Bevölkerung zum Ziel hat, ist ein Verbrechen an Gott und der Menschheit und muß entschieden und unmißverständlich verurteilt werden.« In einer Verlautbarung des britischen Kirchenrates aus dem Jahre 1980 heißt es: »Entwicklung und Stationierung von Atomwaffen werfen für uns Christen ethische Fragen von erheblicher Tragweite auf.«

Kein Gewinn, der durch den Einsatz solcher Waffensysteme erzielt werden könnte, rechtfertigt die Zerstörung, die sie anrichten, und die Auswirkungen eines Atomkrieges auf derzeit lebende und zukünftige Generationen treffen Heer und Zivilbevölkerung ohne Unterschied. Deshalb wäre der Einsatz von Atomwaffen mit den Zielen eines sogenannten gerechten Krieges nicht nur unvereinbar, sondern er hätte sogar den diametral entgegengesetzten Effekt. Das sogenannte Prinzip der Abschreckung, das auf der sicheren Aussicht totaler gegenseitiger Zerstörung beruht, schlägt jedem christlichen Gewissen ins Gesicht.«

Zitieren wir zum Schluß noch aus einem Buch mit dem Titel: »Die Kirche und die Bombe«, Untertitel: »Atomwaffen und christliches Gewissen«, einem inoffiziellen Bericht einer Arbeitsgruppe der Anglikanischen Kirche, der zwar von der Generalsynode nicht unterstützt worden ist, aber bei der Leserschaft Anklang und Unterstützung ihrer theologischen und moralischen Thesen gefunden hat. »Man kommt unweigerlich zu dem Schluß, daß der Einsatz von Atomwaffen nicht zu rechtfertigen ist. Da der Schutz der Zivilbevölkerung beim Einsatz solcher Waffen unmöglich zu gewährleisten ist, steht ihre Verwendung in keinem angemessenen Verhältnis zu dem gerechten Anlaß und Ziel eines gerechten Krieges.« – »Es ist unsere feste und über nahezu jeden vernünftigen Zweifel erhabene Überzeugung, daß die Theorie vom gerechten Krieg ... mit Atomwaffeneinsatz unvereinbar ist. Die Opfer unter der Zivilbevölkerung..., die Verwüstung unseres natürlichen Lebensraumes, die Gefahren genetischer Schädigung ungeborenen Lebens und späterer Generationen, all dies sind Auswirkungen, die beim Einsatz von Atomwaffen unvermeidlich sind. Deshalb kann ein Atomkrieg grundsätzlich nicht in einem angemessenen Verhältnis zu Ursache oder Anlaß stehen. Solche Methoden der Kriegsführung verursachen wesentlich schlimmere Übel als alles, was irgendein Krieg vermeiden oder abwenden könnte, und die Opfer und Betroffenen sind lauter Unschuldige, die mit dem auslösenden Konflikt nichts zu tun haben... Dieser Bericht hat sein Ziel verfehlt, wenn es uns nicht gelungen sein sollte, klarzustellen, daß unserer Überzeugung nach ein Atomkrieg unmöglich der Sache der Gerechtigkeit dienen kann.«[9]

Die Evangelikalen haben sich den biblischen Perspektiven anderer Gruppierungen innerhalb der christlichen Glaubensgemeinschaft nur zögern angeschlossen. Bei einem ökumenischen Treffen mit starker Beteiligung der Evangelikalen, das 1980 in den USA stattfand, wurde jedoch eine Parallele zwischen der Abolitionsbewegung (Bewegung zur Abschaffung der Sklaverei) des 19. Jahrhunderts und der heutigen Anti-Atomwaffen Bewegung gezogen und man verfaßte eine schriftliche Erklärung mit dem vielsagenden Titel: »Der neue Bund der Abolitionisten«. Darin lesen wir unter anderem folgendes: »Mit unbegrenzbarer Gewalt und unkontrollierbarer Zerstörungskraft und ohne Unterschied fordern die Atomwaffen ihre Opfer: durch ihre Erfindung steht die Menschheit an einem historischen Scheideweg. Krasser und kompromißloser denn je zuvor in der Geschichte heißt die Alternative heute: Frieden oder Zerstörung. In einem Atomkrieg gibt es keinen Sieger mehr.«[10]

Dieser christliche Konsensus ist jedoch noch längst nicht allgemein anerkannt. Es ist daher wichtig, daß wir uns auch mit den Fragen und Einwänden auseinandersetzen, die in der Diskussion immer wieder auftauchen.

Fragen und Einwände

Ein erster Einwand lautet, daß die Unterscheidung zwischen Beteiligten und Unbeteiligten an kriegerischen Auseinandersetzungen längst überholt sei. Krieg heißt heute totaler Krieg, und dabei gibt es keine Unbeteiligten. Das Kriegsgeschehen bezieht quasi die gesamte Bevölkerung eines im Kriegszustand befindlichen Landes mit ein. Jeder Steuerzahler trägt zur Finanzierung des Krieges bei. Selbst Bevölkerungsgruppen, die in zivilen Bereichen tätig sind, ermöglichen dadurch anderen, ihren Militärdienst abzuleisten. So gesehen sei schließlich die gesamte Bevölkerung direkt am Kriegsgeschehen beteiligt, argumentieren Vertreter dieser Auffassung, und daher sei auch der Einsatz von Waffensystemen, die jeden treffen können, gerechtfertigt.

Es ist durchaus zutreffend, könnte man dem entgegenhalten, daß die traditionell eindeutige Trennung zwischen der Zivilbevölkerung eines Landes und ihrem relativ kleinen Heer von Berufssoldaten längst nicht mehr zutreffend ist, und es ist auch richtig, daß alle Bevölkerungsgruppen, die mit Herstellung, Stationierung oder dem Einsatz von Waffen zu tun haben, am Kriegsgeschehen beteiligt sind. Trotzdem gibt es auch Bevölkerungsgruppen wie z.B. alte Menschen, Kinder, Kranke und Hilflose, denen Unantastbarkeit garantiert werden sollte, denn solche Unbeteiligten zu töten heißt ohne jeden Zweifel, unschuldiges Blut zu vergießen.

Es ist zwecklos, in diesem Zusammenhang Stellen aus dem Alten Testament zu zitieren, in denen von umfassenden Massakern an ganzen Völkern berichtet wird, denn in solchen Fällen heißt es immer ganz deutlich, daß auch die Schuld allumfassend gewesen sei. Man kann daher auch nicht behaupten, es habe sich dabei um die Vollstreckung von Pauschalstrafen gehandelt, die unterschiedslos jeden trafen. Vor der Sintflut heißt es: »Als aber der Herr sah, daß der Menschen Bosheit groß war auf Erden, und daß alles Dichten und Trachten ihres Herzens die ganze Zeit nur böse war,...« (Gen. 6,5). Sodom und Gomorra wären verschont geblieben, wenn sich in ihren Mauern auch nur zehn Gerechte befunden hätten (Genesis 18,32). Die Lebensweise der Kanaaniter war so verderbt und lasterhaft, daß es heißt, das Land selbst habe seine Bewohner ausgespien (Levithicus 18,25). Wer könnte allen Ernstes behaupten, in der heutigen Sowjetunion sähe es ähnlich aus, obgleich Millionen von Sowjetbürgern gerade unter der ländlichen Bevölkerung zutiefst fromme Glieder der russisch-orthodoxen Kirche sind, und viele andere evangelikale Protestanten? Der Osten ist ebensowenig insgesamt böse wie der Westen insgesamt gut.

Wenn die umfassenden Gottesurteile des Alten Testamentes keinen Präzedenzfall darstellen, aus dem sich eine Rechtfertigung für den Einsatz von ABC-Waffen ableiten ließe, wie steht es dann mit dem alttestamentarischen Prinzip der gemeinschaftlichen Verantwortung? In Exodus 20,5 sagt Gott von sich selbst: »... denn ich, der Herr, dein Gott, bin ein eifersüchtiger Gott, der die Schuld der Väter heimsucht bis ins dritte und vierte Geschlecht an den Kindern derer, die mich hassen.« Und die gedemütigten Überlebenden der Zerstörung von Jerusalem klagten: »Unsere Väter haben gesündigt, sie sind nicht mehr; und wir, wir tragen ihre Schuld« (Klag. 5,7). Zeigen diese Beispiele von Gottes Strafgericht nicht, daß die gemeinschaftliche Tötung von Unschuldigen und Schuldigen in einer kriegerischen Auseinandersetzung gerechtfertigt ist, fragen manche.

Ganz und gar nicht. Das dargestellte Prinzip beschreibt Gottes Verhalten gegenüber seinem Volk, wurde aber nicht auf die weltliche Rechtsprechung übertragen, in der die Schuld des Angeklagten nachgewiesen werden muß. Wenn sich also ein »gerechter Krieg« moralisch nur unter der Bedingung rechtfertigen läßt, daß er quasi als verlängerter Arm der Rechtsprechung fungiert, dann muß dabei die Unterscheidung zwischen Schuldigen und Unschuldigen aufrechterhalten werden.

Ein weiterer Einwand bezieht sich auf die Feststellung, daß nicht alle Atomwaffen in ihrer Wirkung gleichermaßen unkontrollierbar sind. Die Politik der alliierten Mächte in der unmittelbaren Nachkriegszeit und während der von J.F. Dulles bestimmten Ära der amerikanischen Außenpolitik läßt sich in der Tat als Abschreckungspolitik durch Androhung der sog. »massiven Vergeltung« beschreiben. In seinem jährlichen Rechenschaftsbericht an die Nation sprach der amerikanische Präsident Eisenhower im Jahre 1958 von einem »totalen Vernichtungsschlag«, den der Aggressor zu erwarten habe. In den sechziger Jahren jedoch stießen solche Äußerungen auf wachsende Kritik, und 1962 entwickelte der amerikanische Verteidigungsminister Robert McNamara das Konzept vom »Gegenschlag«, demzufolge Vergeltungsschläge auf die Zerstörung gegnerischer Militäreinrichtungen beschränkt und Städte verschont bleiben sollten. Heute spricht man von »flexiblen« oder »schrittweisen« Gegenschlägen, die angeblich begrenzbar sind. Außerdem hat die waffentechnologische Entwicklung auf den Gebieten der sogenannten »taktischen« (im Gegensatz zu interkontinentalen oder »strategischen«) Waffensystemen mittlerweile einen derartig hohen Präzisionsgrad erreicht, daß sie mit schier unglaublicher Treffsicherheit auf ein bestimmtes Ziel ausgerichtet werden können. Die sogenannte Neutronenbombe kann durch Tötung der Besatzung einen einzelnen Panzer außer Gefecht setzen. Durch diesen Prozeß der ständigen Verfeinerung und Präzisierung der Treffsicherheit von Kernwaffen wachsen die Einsatzmöglichkeiten solcher Waffensysteme auf selektiver Basis. Deshalb, so argumentieren Verfechter dieses Standpunktes, kann man heutzutage den Einsatz von Atomwaffen nicht mehr pauschal ablehnen und verdammen.

Der dargestellte Einwand läßt sich durchaus nicht von der Hand weisen. Je gezielter sich Waffen einsetzen lassen, desto weniger kann man sich ihnen mit dem Argument, sie seien generell unakzeptabel, entgegenstellen. Es ist also durchaus vorstellbar, daß der gezielte Einsatz einer sehr begrenzt wirksamen Atomwaffe unter bestimmten Umständen moralisch zu verantworten wäre, sogar unter Berücksichtigung der unvermeidlichen Folgeerscheinungen wie dem radioaktiven Niederschlag (Fall-out), durch den wahrscheinlich auch unbeteiligte Opfer betroffen würden.

Natürlich wäre ein solcher Einsatz nur in einer extremen Notlage gerechtfertigt, in der die einzige Alternative in dem noch größeren Übel der Unterwerfung unter ein gottloses Regime bestünde. Doch um als Christ mit gutem Gewissen die kompromißlose Ablehnung von Atomwaffen einschränken zu können, müßte man wirklich überzeugt sein, daß der Einsatz einer begrenzten Atomwaffe auch mit ziemlicher Sicherheit die gewünschte Wirkung erzielen, d.h. den Feind zum Rückzug zwingen würde, denn die Alternative wäre das schwerwiegende Risiko einer Eskalation für die Verliererseite.

Nun sehen allerdings nicht alle Experten eine solche Eskalation als einzige und unvermeidliche Folgeerscheinung an. Michael Quinlan behauptet, »Eskalation ist nicht Folge unerbittlichen wissenschaftlichen Fortschritts, sondern eine Frage menschlicher Entscheidung«.[11] Trotzdem ist es höchst riskant, damit zu spekulieren. Auch Quinlan muß zugeben, daß wir nicht wissen können, was geschehen würde, da wir Gott sei Dank auf diesem Gebiet keine Erfahrung haben. Die römisch-katholischen Bischöfe Amerikas haben mit folgender Aussage aus ihrem Hirtenbrief 1983 mehr Weisheit gezeigt: »Wir sind höchst skeptisch gegenüber der angeb lichen Begrenzbarkeit eines atomaren Schlagabtausches, ganz gleich, wie begrenzt der Erstschlag auch sein mag.«[12] Ähnlich lesen wir auch in dem Bericht einer öffentlichen Debatte zum Thema Atomwaffen und Abrüstung, die der Welt-kirchenrat 1981 in Amsterdam organisiert hat: »Aufgrund des schwerwiegenden Beweismaterials, das zum Thema vorgebracht worden ist, sind wir zu der Überzeugung gelangt, daß die Risiken viel zu groß sind und daß es keinerlei moralische Rechtfertigung für die Annahme gibt, ein begrenzter Atomkrieg könne begrenzt bleiben.«[13] Die überwiegende Mehrheit der Fachleute und Kommentatoren sagen übereinstimmend voraus, daß sich eine Eskalation nicht mehr aufhalten lasse, sobald die Schwelle zum Einsatz von Kernwaffen einmal überschritten sei. Es ist die offizielle und erklärte Politik der Sowjetunion, jeden Atomwaffeneinsatz der NATO mit einem massiven nuklearen Vergeltungsschlag zu beantworten. »Wir sind alle der einhelligen Überzeugung«, schreibt General Sir Hugh Beach, »daß die einmalige Verwendung von Atomwaffen auf einer Seite eine Überschreitung jener unvorstellbar gefährlichen Schwelle bedeuten würde. Der Bericht »Die Kirche und die Bombe« betont zu Recht die zentrale Bedeutung einer möglichen Eskalation...«[14]

Graf Mountbatton von Burma hielt drei Monate, bevor er durch eine IRA-Bombe ums Leben kam, eine beeindruckende Rede über die Schrecken eines Atomkrieges. »Im Falle eines neuen Weltkrieges«, sagte er, »ließe sich die umfassende Verwendung von Kernwaffen wohl kaum vermeiden. Im Falle eines Atomkrieges aber gibt es kein Entrinnen, und die Überlebenschancen sind für alle Seiten gleich null – ein solcher Krieg würde die Menschheit vernichten.« Eine Studie der römisch-katholischen Kirche zu der Frage: »Atomare Abschreckung – richtig oder falsch?« zitiert verschiedene Meinungen zu diesem Thema. Da heißt es unter anderem: »Werden Atomwaffen als Kampfmittel eingesetzt, ist die Gefahr einer Eskalation unvorstellbar groß.« Oder: »Selbst ein angeblich gezielter, begrenzter Atomwaffeneinsatz kann und würde sich wohl höchstwahrscheinlich zu einem Atomkrieg ausweiten.« Der Autor der Studie, Roger Ruston, kommt zu dem Schluß, »daß jeder Einsatz von Kernwaffen wohl unweigerlich zu einem Massaker an Unschuldigen ausarten würde«.[15] Der Bericht der Palme-Kommission aus dem Jahre 1982 läßt noch weniger Zweifel aufkommen: »Die Kommission ist fest davon überzeugt, daß die Möglichkeit der Begrenzung eines einmal begonnenen Atomkriegs nahezu ausgeschlossen ist.« – »Ist die Schwelle zum Atomkrieg einmal überschritten, gewinnt die Auseinandersetzung eine Eigendynamik, die unweigerlich zur Eskalation und damit zur Katastrophe führen muß.« Der Bericht appelliert deshalb an alle Nationen, »die Schwelle zum Einsatz von Atomwaffen… und die klare Unterscheidung zwischen konventionellen und Kernwaffen deutlich aufrechtzuerhalten…, und keine Waffen zu stationieren, die diese Unterscheidung verschleiern, da sie anscheinend gezielt und begrenzt einsetzbar seien«.[16] Wenn das Risiko einer Eskalation so groß ist wie diese Zitate andeuten, dann kann unsere Sicherheit nur dadurch gewährleistet bleiben, daß die Schwelle zum Atomkrieg niemals überschritten wird.

Eine dritte Frage, die den Nuklear-Pazifisten häufig gestellt wird, lautet: »Wenn man die Verwendung von Atomwaffen für verdammenswert hält, muß man dann nicht auch ihre Stationierung und Lagerung zum Zwecke der Abschreckung ablehnen?« Angenommen, wir erklären den Einsatz von Makro-Kernwaffen, der zu unbegrenzbarer Zerstörung führen würde, für unmoralisch und akzeptieren auch den Standpunkt, daß der Einsatz von Mikro-Kernwaffen im Hinblick auf das Eskalationsrisiko unverantwortlich wäre, müßten sich dann nicht konsequenterweise alle Christen für die einseitige atomare Abrüstung aussprechen? Das ist aber nicht der Fall. Nicht alle Christen sind für einseitige Abrüstung, denn vom moralischen Standpunkt aus betrachtet ist es ein Unterschied, ob man Atomwaffen besitzt und für Abschreckungszwecke stationiert, oder ob man sie tatsächlich zum Einsatz bringt. Wenn allerdings eine Handlung unmoralisch ist, kann man die aktive Drohung der Ausführung dieser Handlung wohl ebenfalls als unmoralisch bezeichnen. Der Besitz von Atomwaffen aber ist wohl eher als eine an bestimmte Bedingungen geknüpfte Warnung denn als aggressive Drohung anzusehen. Und da die Stationierung von Atomwaffen nicht als Aufforderung zum Einsatz, sondern im Gegenteil als Abschreckung gedacht ist, kann man den Besitz nicht als ebenso unmoralisch bezeichnen wie den Einsatz von Kernwaffen. Sollten wir also den Einsatz ablehnen, aber die Stationierung akzeptieren?

Das scheint wohl die Schlußfolgerung zu sein, die sich aus den vorangegangenen Erwägungen ergibt. Aber diese Argumentation ist nicht logisch, denn das Prinzip der Abschreckung funktioniert nur, wenn sowohl die technischen Voraussetzungen als auch die moralische und politische Entschlossenheit dahinterstehen, die den Einsatz der Waffen im Notfall möglich machen, und wenn auch der Gegner von dieser Möglichkeit überzeugt ist. Das Abschreckungsprinzip verliert seine Glaubwürdigkeit, wenn der Gegner weiß, daß die Waffen unter keinen Umständen zum Einsatz gelangen werden, und ohne Glaubwürdigkeit ist Abschreckung wirkungslos. Also muß man wohl folgern, daß die Einstellung: »Stationierung – ja; Einsatz – nein!« zwar moralisch verantwortungsbewußt, aber praktisch nicht haltbar ist. Wir haben die unerfreuliche Wahl zwischen Wirkungslosigkeit und Unmoral, bzw. zwischen einem moralischen Standpunkt, der unwirksam ist, und einer wirksamen Abschreckung, die im Falle eines tatsächlichen Einsatzes unmoralisch wäre. Es ist eine Wahl zwischen Prinzip und Weisheit, zwischen dem, was man für richtig hält, und dem was realistisch ist. In einem kürzlich erschienen Buch beschreibt Professor Wolfhart Pannenberg dieses Spannungsfeld sehr deutlich. Er sagt, es gehe um »den Konflikt zwischen zwei ethischen Ansätzen; die Ethik der Überzeugung, die sich an der Reinheit moralischer Prinzipien orientiert, und die Ethik der Verantwortung, die sich verpflichtet fühlt, die möglichen Konsequenzen einer getroffenen Entscheidung mit in Betracht zu ziehen.« Ich persönlich bin nicht bereit, mich zu einer Entscheidung zwischen christlichem Realismus, um es einmal so vereinfacht auszudrücken, und christlichem Idealismus drängen zu lassen. Nuklear-Pazifisten sind gewiß Idealisten, die die Situation klar einschätzen können und an ihrer Überzeugung festhalten, daß die Verwendung von Waffen, die unkontrollierbare Zerstörung anrichten, prinzipiell unmoralisch ist. Aber wenn wir an diesem Ideal festhalten, dürfen wir gleichzeitig nicht vergessen, daß das Böse in unserer gefallenen Welt und der gegenwärtigen Situation, die diese Welt widerspiegelt, eine Realität ist. Wie lassen sich also Ideal und Realität vereinbaren? Gibt es aus dem Dilemma, das ich als »Stationierung ist vernünftig, Einsatz unmoralisch« beschrieben habe, einen Ausweg?

1. Ich akzeptiere das Argument, daß durch sofortige einseitige Abrüstung möglicherweise die Wahrscheinlichkeit eines Atomkrieges zunimmt, statt sich zu verringern. Ein solcher Schritt könnte die Sowjetunion in Versucherung führen, unsere selbstauferlegte Schwächeposition auszunützen. Sie könnte uns entweder

durch den Einsatz von Atomraketen zur Unterwerfung zwingen, ohne einen Vergeltungsschlag befürchten zu müssen (in dem Fall hätten wir durch den eigenen Verzicht andere in Versuchung geführt), oder sie könnte uns durch die Drohung des Einsatzes von Kernwaffen erpressen (was bedeuten würde, daß wir durch unseren einseitigen Schritt einer kommunistischen Machtergreifung Vorschub geleistet hätten). Die Frage ist, wie man den Einsatz von Kernwaffen auf beiden Seiten verhindern und gleichzeitig unsere Freiheit sichern kann. Deshalb scheint es sicherer und stärker im Einklang mit idealistischer und realistischer Sichtweise zu sein, die atomare Abschreckung aufrechtzuerhalten und gleichzeitig nach Möglichkeiten einer schrittweisen Abrüstung beider Seiten zu suchen, die realistisch und durchführbar ist.

2. Die Aufrechterhaltung einer Abschreckung durch Waffen, deren Einsatz unmoralisch wäre, ist nur als vorübergehender Notbehelf gerechtfertigt. Papst Johannes Paul II sagte dazu im Juni 1982 vor der 2. UN Sondersitzung zum Thema Abrüstung, daß Abschreckung durch Atomwaffen »noch als moralisch akzeptabel angesehen werden« könne, sofern man sie »nicht als Selbstzweck betrachtet, sondern als einen Schritt auf dem Wege einer fortlaufenden Abrüstung«. Diese Haltung sollte dazu beitragen, daß wir uns in verstärktem Maße um konstruktive Abrüstungsvorschläge bemühen.

3. Es gibt auch im Rahmen bilateraler Abrüstungsbemühungen die Möglichkeit einseitiger Initiativen, d.h. die Möglichkeit zu einer »mutigen Friedensgeste«, wie Papst Johannes Paul II es ausgedrückt hat. Allerdings hat es schon Beispiele für solche Gesten von westlicher Seite gegeben, die unerwidert geblieben sind, wie beispielsweise 1979, als die Amerikaner tausend atomare Sprengköpfe aus Europa abzogen. Trotzdem kann es sicherlich noch mehr Schritte in dieser Richtung geben, ohne daß wir uns dadurch übertrieben in Gefahr brächten. Der Westen sollte in seinen Bemühungen um Abrüstung nicht nachlassen und sollte vor allem den Mut haben, sich ausdrücklich zum Verzicht auf einen Erstschlag zu bekennen.

4. Ob wir nun die Unterscheidung zwischen begrenzbaren und unbegrenzbaren Nuklearwaffen mit unserem Gewissen vereinbaren können oder nicht, sollten wir zumindest in der Lage sein, dafür einzutreten, daß letztere unverzüglich bzw. so schnell wie möglich abgezogen und vernichtet werden. Selbst Stimmen, die

sich auf das moralische Prinzip berufen, daß es vertretbar sei, Schaden anzurichten, wenn dadurch ein wesentlich größerer Schaden verhindert werden kann, und damit ihre Einstellung rechtfertigen, daß der Einsatz begrenzter Atomwaffen unter bestimmten Umständen das geringere Übel sein könne, fordern die uneingeschränkte Ablehnung eines umfassenden Atomkrieges mit der Begründung, ein solcher Krieg sei moralisch keinesfalls vertretbar. Daraus ergibt sich unweigerlich die Forderung nach einem Abbau des Rüstungsapparates, der einen solchen Krieg möglich macht, und nach einer Reduzierung dieses Apparates auf das zur Abschreckung notwendige Minimum. Atomare Überlegenheit ist völlig unnötig, ein Mindestmaß ist völlig ausreichend. Die gegenwärtigen Atomwaffenarsenale der beiden Supermächte haben eine derartige große »overkill«-Kapazität, daß selbst eine sehr weitgehende Reduzierung mit keinerlei unverantwortlichen Risiken verbunden wäre.

Und vielleicht ist gerade ein Abbau des gegenwärtigen Waffenpotentials der entscheidende Schritt, der als Anstoß für die langfristige Abrüstung beider Seiten notwendig wäre.

5. Trotzdem muß zum gegenwärtigen Zeitpunkt die Abschreckung glaubwürdig bleiben. Wenn der Einsatz von Atomwaffen unmoralisch wäre, können wir nicht die NATO ermutigen, mit ihrem Einsatz zu drohen. Andererseits wollen wir aber, daß die Abschreckung wirksam ist, und unter der Bedingung können wir auch nicht erwarten, daß die NATO sich mit Bluff zufrieden gibt. Die einzige Alternative scheint darin zu bestehen, die allgemeine Ungewißheit zu pflegen. Aus dem Munde des NATO-Führungsstabes könnte das etwa so klingen: »Wir halten den Einsatz von Waffensystemen, die unbegrenzbare Zerstörungskraft besitzen, für unmoralisch und unverantwortlich. Wir sind entschlossen, diese Waffen nicht zum Einsatz zu bringen, und wir sind überzeugt, daß auch die Sowjetunion diese Waffen nicht einsetzen will. Im Falle, daß wir angegriffen werden, sähen wir uns allerdings gezwungen, Handlungsweisen zu erwägen, die eigentlich gegen Vernunft und Gewissen verstoßen. Wir appellieren also an die Gegenseite, uns nicht in eine solche Situation zu bringen.«

Damit kommen wir zu einer vierten Frage, die den relativen (atomaren) Pazifisten oft gestellt wird: »Wäre eine kommunistische Machtergreifung im Westen ein schlimmeres Übel als ein Atomkrieg?« Eine häufig heraufbeschworene Angstvorstellung geht davon aus, daß sich die westlichen Alliierten im Falle einer an konventionellen Waffen überlegenen sowjetischen Invasion mit Atomwaffeneinsatz verteidigen und damit die Welt in einen Atomkrieg stürzen könnten. Wäre das nicht eine gerechtfertigte Reaktion, fragt man uns manchmal. Sollen wir stattdessen ernsthaft die Möglichkeit in Erwägung ziehen, daß die westliche Welt eine Besetzung und Unterwerfung ihres Territoriums zulassen könnte? Das würde schlimmstenfalls bedeuten, daß all die Freiheiten, die für unsere Lebensqualität unentbehrlich geworden sind, auf- und einer brutalen Unterdrückung preisgegeben werden. Kirchen würden geschlossen und Christen verfolgt werden. In unseren Schulen würde Atheismus gelehrt und christliche Erziehung unserer Kinder wäre verboten. Dissidenten würden verhaftet und ohne Gerichtsverhandlung entweder ins Gefängnis, in ein Arbeitslager oder in eine psychiatrische Klinik gesperrt werden. Wir hätten den ganzen grauenhaften Gulag-Apparat in unserem Land. Wir wären versklavt, Millionen müßten sterben. Es wäre unvorstellbar entsetzlich. Wäre ein solches Übel nicht wirklich untragbar und damit schlimmer als ein Atomkrieg? Wir würden uns zwar nicht selbst der atheistischen Machtergreifung schuldig machen, aber wären wir nicht gewissermaßen mitschuldig, weil wir nicht alles getan haben, um sie zu vermeiden? Wenn wir es verhindern können und untätig bleiben, dann machen wir uns schuldig. Und wenn die einzige Möglichkeit, es zu verhindern, in einem Atomwaffeneinsatz besteht, sind wir wieder bei der Ausgangsfrage, worin das größere Übel besteht.

Das ethische Dilemma, vor dem wir als Christen hier stehen, läßt sich durch solch naive Pauschaläußerungen wie »besser tot als rot« oder auch »besser rot als tot« ganz gewiß nicht lösen. Ersteres besagt, daß ein Leben unter kommunistischer Herrschaft das schlimmstmögliche Unglück für die Menschheit bedeute und daß selbst ein nuklearer Holocaust dem vorzuziehen sei. Der umgekehrte Slogan hingegen betrachtet die Aussicht auf den Tod durch eine nukleare Katastrophe als derartig entsetzlich, daß selbst ein Leben unter kommunistischer Herrschaft dem vorzuziehen sei. Beide Sichtweisen sind unmoralisch und einem Christen nicht angemessen. Die erste ist defätistisch, denn sie übersieht das Zeugnis der Geschichte, das uns zeigt, daß sich der menschliche Geist nicht einmal von der grausamsten Tyrannenherrschaft auf Dauer unterdrücken läßt. Die zweite ist materialistisch, denn sie beruht auf der ungeistlichen Einstellung, physisches Leiden und Tod seien das Ende allen Lebens.

Den Nuklearpazifisten aber geht es um ein moralisches Prinzip, nicht um »vernünftige« Kompromißvorschläge. Wir gehen davon aus, daß die moralische Schuld eines atomaren Erstschlages durch nichts abgegolten oder aufgehoben werden kann, nicht einmal durch die Angst, daß wir ansonsten rot oder tot oder, im Endeffekt, sogar beides sein werden. Wie können wir unsere Wertmaßstäbe schützen, wenn wir selbst gegen sie verstoßen? Wäre es nicht besser, unter einer kommunistischen Gewaltherrschaft zu leben und alles damit verbundene Leiden, alle Versklavung in Kauf zu nehmen, als für die Zerstörung der gesamten menschlichen Zivilisation verantwortlich zu sein? Natürlich wäre es entsetzlich, wenn Millionen Menschen ihre Freiheit verlören, aber wir können doch nicht die Menschheit auslöschen, um das zu verhindern.

Ist es nicht besser, selbst ein Unrecht zu erleiden, als es anderen zuzufügen? Ich argumentiere nicht für »besser rot als tot«, sondern ich erkläre es für besser, ein »rotes« Regime zu ertragen, als selbst für den Tod von Millionen von Menschen verantwortlich zu sein. Im Endeffekt müssen wir uns also entscheiden, woran uns mehr liegt: an gesellschaftlicher Freiheit auf Kosten unserer moralischen Integrität (indem wir einen Atomkrieg führen), oder an moralischer Integrität auf Kosten unserer freiheitlichen Gesellschaft (indem wir zulassen, daß eine andere Gesellschaftsordung unser Land besetzt). Sollte sich uns diese Frage jemals tatsächlich stellen, hoffe ich, daß wir wissen, wofür wir uns zu entscheiden haben! Es ist besser, sich körperlich geschlagen zu geben als moralisch. Es ist immer noch besser, solche Freiheiten wie freie Meinungsäußerung, Versammlungs-, ja sogar Religionsfreiheit zu verlieren, als die Freiheit unseres Gewissens vor Gott! In Gottes Augen ist Integrität wertvoller als Freiheit.

Christen als Friedensstifter

Jesus warnte uns vor Krieg und lehrte den Frieden. Aktive Friedensstiftung gehört zu den Merkmalen, die die Bewohner des Reiches Gottes auszeichnen. »Selig sind die Friedensstifter, denn sie werden Söhne Gottes heißen« (Matth. 5,9). Frieden stiften ist ein Charakteristikum göttlichen Handelns. Durch Christus hat Gott mit uns Frieden geschlossen und auch den Frieden der Menschen untereinander gestiftet. Wir können nicht behaupten, Gottes wirkliche Kinder zu sein, wenn wir uns nicht aktiv für den Frieden einsetzen. Wie kann das praktisch aussehen?

a) Christen als Friedensstifter müssen zu moralischer Integrität zurückfinden

In unserer heutigen Kirche gibt es zwei Trends, die die christliche Moral untergraben. Beide müssen nachdrücklich verurteilt werden. Der erste ist die Tendenz, den atomaren Schrecken zu banalisieren, oder sich so an das eskalierende Gleichgewicht des Schreckens gewöhnt zu haben, daß wir unser Gefühl für das Unrecht dieses Zustandes verlieren. Ein abschreckendes Beispiel für unsere Gleichgültigkeit gegenüber der Aussicht eines Atomkrieges liefert uns ein Artikel aus »The Guardian Weekly« vom 4. April 1982. Darin berichtet ein ehemaliger Atomstratege des Weißen Hauses und Mitglied des amerikanischen Sicherheitsrates, gegenwärtiger Leiter des Projektes »Ground Zero« (Übungsprojekt für den atomaren Kriegsfall) namens Roger Molander, wie er verschiedenfarbige Stecknadeln (jede Farbe stellvertretend für Atomwaffen einer bestimmten Größenkategorie) in eine Karte der Sowjetunion zu stecken pflegt. Eine rosafarbene Nadel in der russischen Stadt Minsk beispielsweise bedeutete weitere 200.000 Todesopfer. Ein Besucher, der ihm dabei zusah, war entsetzt. »Aber«, so erklärt Molander, »wenn ich die Nadel in den Punkt stach, wo Minsk oder Moskau liegen, hatte ich keine Menschen vor Augen, keine Erwachsenen bei der Arbeit, keine spielenden Kinder. Ich ging davon aus, daß sich über diese Dinge ein anderer Gedanken machen würde, jemand, der in der Hierarchie über mir stand. Ich habe bloß Nadeln hineingesteckt.« In seinem zweiten Beispiel beschreibt Molander einen Flottenkapitän, der bei einer Besprechung im Pentagon äußerte: »Die Leute regen sich viel zu sehr auf, als ob ein Atomkrieg das Ende der Welt bedeute – dabei würden tatsächlich nur fünfhundert Millionen Menschen getötet«. *NUR* fünfhundert Millionen Menschen! »Außerdem«, so fuhr der Marineoffizier fort, »werden Menschen der nächsten Generation durch Genmanipulation unempfindlich gegen radioaktive Strahlung sein.« »Ich griff nach meinem Hut,« schreibt Molander, »fühlte mich wie Woody Allen in ›Annie Hall‹ (Der Stadtneurotiker)«, als er sich aus einer Unterhaltung mit der Entschuldigung zurückzieht, ich muß zurück – ich habe einen Termin auf dem Planeten Erde! Auch wir müssen darauf achten, wie wir manchmal reden. Es ist unglaublich, mit was für Wortspielereien wir oft versuchen, die Schrecken eines Atomkrieges zu verharmlosen.«

Der zweite gefährliche Trend, der allgemein die Moral untergräbt, ist die kopflose Zukunftsangst und der Pessimismus, diese allgemeine Stimmung der Hilflosigkeit und die daraus resultierende »Vogel-Strauß-Politik«. Weder Verharmlosung und Gleichgültigkeit noch Pessimismus sind angemessene Haltungen für einen Nachfolger Jesu. Wir müssen angesichts des Rüstungswettlaufes unser abgestumpftes Gefühl für Unrecht wieder beleben und uns denjenigen anschließen, die versuchen, ihn zu stoppen. Halten wir uns an das, was Dr. David Owen in seiner Einleitung zum Bericht der Palme-Kommission, der den Titel »Sicherheit für Alle« trägt, geschrieben hat: »Die öffentliche Meinung ist ein Faktor, auf den Regierungen reagieren müssen. Die öffentliche Meinung kann Regierungsentscheidungen beeinflussen, besonders dann, wenn der Druck von einer breiten Mehrheit ausgeübt wird.«

b) Christen als Friedensstifter müssen beten

Bitte tun sie diesen Appell nicht gleich als irrelevanten, pietistischen Unfug ab. Für gläubige Christen ist Gebet alles andere als irrelevant. Völlig unabhängig von rationaler Begründung und Wirksamkeit des Gebetes ist Beten nun mal ein Gebot, das wir befolgen müssen. Unser Herr Jesus hat uns insbesondere aufgetragen, für unsere Feinde zu beten. Paulus ermahnt uns, bei jeder öffentlichen Versammlung der Gemeinde zum Gottesdienst unserer Pflicht zur Fürbitte für die Obrigkeit und Regierungen nachzukommen, »damit wir ein ruhiges und stilles Leben führen können in aller Frömmigkeit und Ehrbarkeit« (1.Tim. 2,2). Doch wie oft erleben wir, daß diese öffentlichen Gebete kurz und oberflächlich sind, daß Fürbitten heruntergeleiert werden wie inhaltslose Formeln, während eine desinteressierte Gemeinde im Stillen vor sich hindöst, statt mitzubeten. Die Fürbitte als Bestandteil des Gottesdienstes muß viel ernster genommen werden, wir müssen für unsere Regierungen, für Frieden und Gerechtigkeit, Freund und Feind, Freiheit und Stabilität beten und dafür, daß uns Gott vor einer nuklearen Feuersbrunst bewahren möge. Der lebendige Gott hört und erhört die ehrlichen Gebete seiner Kinder.

c) Christen als Friedensstifter müssen eine beispielhafte Gemeinschaft des Friedens sein

Gottes Gebot an uns umfaßt nicht nur die Aufgaben, Frieden zu verkünden und Frieden zu schließen, sondern auch, den Frieden zu verkörpern. Durch seinen Sohn und seinen Geist will Gott eine neue, versöhnte menschliche Gemeinschaft schaffen, die keine trennenden Grenzen und Barrieren kennt, weder aufgrund von Rassen-, Volks- oder Geschlechtszugehörigkeit noch durch soziale Stellung etc.. Die Gemeinde soll ein Symbol seines Reiches sein, d.h. ein Bild der Menschheit unter der Herrschaft von Gottes Gerechtigkeit und Frieden. Eine Gemeinde, die das verkörpern kann, ist eine Herausforderung für die Wertmaßstäbe der weltlichen Gesellschaft und bietet eine echte Alternative dazu. Wir können die Welt nicht zum Frieden aufrufen, wenn die Kirche selbst nicht jene Gemeinschaft des Friedens und der Versöhnung verkörpern kann, zu der Gott sie berufen hat. Der Anfang aller guten Taten wird in der unmittelbaren Umgebung gemacht, und genauso ist es mit der Versöhnung. Gemeinheit, Wut und Bitterkeit haben weder zu Hause noch in der Kirche etwas zu suchen; wir müssen sie daraus vertreiben und diese Orte stattdessen zu Gemeinschaften der Liebe, der Freude und des Friedens umgestalten. Der friedenstiftende Einfluß friedlicher und friedliebender Gemeinschaften ist von unschätzbarem Wert.

d) Christen als Friedensstifter müssen zur Vertrauensbildung beitragen

Es gibt eine ganze Reihe wissenschaftlicher Forschungsergebnisse über das aggressive Verhalten einzelner, wenn sie sich bedroht fühlen; es wäre an der Zeit, auch einmal vergleichende Studien über die Frage anzustellen, wie sich Staaten verhalten, die sich bedroht fühlen. Wie steht es mit der Psychologie kollektiver (nationaler) Aggression? Wir müssen uns fragen, ob das aggressive Verhalten der Sowjetunion beim Aufbau ihrer Waffenarsenale teilweise auf das Gefühl von Unsicherheit und Bedrohung zurückzuführen sein könnte, nicht nur auf imperialistische Expansionsgelüste. Wenn das der Fall wäre, was könnte man tun, um diese Unsicherheit zu überwinden?

Zu Recht wird heute zuweilen auf die objektiv feststellbaren Manifestationen sowjetischer Expansionsgelüste hingewiesen, die von Teilen der Friedensbewegung anscheinend ignoriert werden, ähnlich wie die Friedensbewegung der Dreißiger Jahre unseres Jahrhunderts die deutlichen Hinweise auf die Absichten der Faschisten ignoriert hat.

1. Die Sowjetunion bekennt sich offen zu ihrem Ziel eines weltweiten Triumphes des Marxismus/Leninismus. Die sowjetische Führung bekennt sich seit langem zu Förderung und Konsolidierung des sozialistischen Systems auf der ganzen Welt (Yuri Andropov).

2. Solche Bekenntnisse sind nichts weiter als eine öffentliche Bestätigung der sogenannten »Breschnew-Doktrin«, die zu so brutalen Interventionen wie 1956 in Ungarn und 1968 in der Tschechoslowakei, dem Einmarsch in Afghanistan 1979 und der Unterdrückung der polnischen Gewerkschaft »Solidarität« 1981 geführt hat. Es ist eine Reihe von Zeugnissen der Aggression.

3. Der sowjetische Einfluß in Ländern des Nahen Ostens und Afrikas nimmt mehr zu (z.B. Angola und Äthiopien), was oft durch die Tätigkeit kubanischer Truppen oder ostdeutscher Militärexperten unterstützt wird.

4. Obgleich nach dem Zweiten Weltkrieg zunächst Großbritannien und später die USA einseitig die Initiative zur Zerstörung ihrer Giftgasvorräte und der dazugehörigen Herstellerfabriken ergriffen, behielt die Sowjetunion ihre Bestände und soll heute über 300.000 Tonnen chemischer Waffen verfügen.

5. 1968 legte der damalige US Verteidigungsminister Robert McNamara die Anzahl der amerikanischen ballistischen Raketen (inklusive der auf Landbasen und auf U-Booten stationierten) auf insgesamt tausendsiebenhundertzehn fest. Diese Grenze blieb bis 1980 konstant. Die Sowjetunion aber überschritt sie bereits 1970 und verfügte 1978 über 2428 Raketen (was um einiges über der in SALT I festgesetzten Grenze lag). Inzwischen holt sie die USA auch auf dem Sektor der strategischen Sprengköpfe rapide ein. Auch was den zahlenmäßigen Umfang des Heeres betrifft, zeigt sich bei den Amerikanern ein steter Rückgang von dreieinhalb Millionen Aktiven im Jahre 1968 auf etwa zwei Millionen zu Beginn der achtziger Jahre (was natürlich vor allem mit dem Rückzug der Truppen aus Vietnam zu tun hatte), während die Sowjetunion, die seit dem Zweiten Weltkrieg nicht abgerüstet hat, ihre Streitkräfte inzwischen auf einen Umfang erhöht hat, der den amerikanischen Höchststand des Jahres 1968 um ein Vielfaches übersteigt. Läßt sich dieses unerbittliche Streben nach Überlegen

heit seitens der Sowjetunion tatsächlich als eine Art nationaler Verfolgungwahn erklären, wie manchmal behauptet wird? Man hört manchmal das Argument, das erklärte sowjetische Ziel der Weltherrschaft sei vornehmlich ideologischer, nicht militärischer Natur, und der Weg dorthin sei die Revolution, nicht Krieg. Das Hauptinteresse der Sowjetunion sei die Sicherung ihrer Grenzen, die im Westen von der NATO, im Osten von Japan und China umzingelt sind. Außerdem gab es in diesem Jahrhundert bereits zwei Invasionen deutscher Armeen in russisches Gebiet und im Zweiten Weltkrieg verzeichnete die Sowjetunion zwanzig Millionen Opfer.

So ergeben sich gewisse militärpolitische Grundsätze der Sowjetunion einfach aus ihrer Geschichte und geographischen Lage. Die UdSSR ist entschlossen, nie wieder einen Krieg auf eigenem Territorium auszufechten. – Solche Interpretationen der sowjetischen Politik werden jedoch von dem ehemaligen Dissidenten Vladimir Bukovsky, der heute in den USA lebt, entschieden zurückgewiesen. »Das ist nichts weiter als eine geschickte Kombination einer Reihe von offensichtlichen Lügen, Fehlinterpretationen und oberflächlicher, lückenhafter Kenntnisse«, schreibt er.

Welcher der genannten Erklärungsansätze auch immer der richtige sein mag, wir können uns, glaube ich, darauf einigen, daß beide Supermächte einander gegenseitig als Bedrohung ansehen und daß alles, was möglich ist, getan werden sollte, um diese Atmosphäre des gegenseitigen Mißtrauens und der Angst zu entspannen. Einer der wichtigsten Abschnitte der KSZE-Schlußakte von Helsinki aus dem Jahre 1975 war der Beschluß zur Förderung »vertrauensbildender Maßnahmen«, der der Angst vor unerwarteten Angriffen entgegenwirken sollte. Die Ursache für Spannungen sollten beseitigt, gegenseitiges Vertrauen gefördert und dadurch ein Beitrag zur Sicherung von Frieden und Sicherheit in der Welt geleistet werden. Unter diesem Motto kamen die Teilnehmerstaaten überein, 1) einander jeweils einundzwanzig Tage vor Beginn über größere militärische Truppenbewegungen und Manöver zu unterrichten, 2) ausländische Beobachter zu solchen Manövern zuzulassen, 3) den Austausch der Streitkräfte untereinander zu fördern. Auf den Anschlußkonferenzen in Madrid 1981 und 1982 wurde beschlossen, eine weitere Konferenz über Abrüstung sowie vertrauensbildende und sicherheitsfördernde Maßnahmen in Europa abzuhalten.

Der Grund, warum ich hier die Konferenzen von Madrid und Helsinki erwähnt habe, ist nicht der Hinweis auf die mangelnde praktische Durchführung der dort gefaßten Beschlüsse, sondern der Hinweis auf die Wichtigkeit des Konzeptes »vertrauensbildender Maßnahmen«. In jeder Situation, in der Menschen sich bedroht fühlen, sollten wir als Christen versuchen, die Angst abzubauen und uns für Vertrauensbildung einzusetzen. Vertrauensbildende Maßnahmen müssen keineswegs auf militärische Angelegenheiten beschränkt bleiben. Sie könnten und sollten auch Zusammenarbeit auf anderen Gebieten, also beispielsweise Handel, Industrie, Kultur und Entwicklungshilfe für Länder der Dritten Welt umfassen. Natürlich können wir als Christen auch in anderen Bereichen vertrauensbildend tätig werden. Eine solche Möglichkeit bieten zum Beispiel Studentenaustauschprogramme mit osteuropäischen Staaten, was bereits von einigen religiösen Gruppen betrieben wird und sicherlich noch ausbaufähig ist. Christliche Reiseveranstalter sollten mehr Gruppenreisen nach Osteuropa und in die Sowjetunion anbieten. Wir sollten persönliche Kontakte schaffen, die uns helfen, Vorurteile abzubauen und einander als Menschen kennenzulernen. Noch wichtiger ist es, daß wir die Gemeinschaft mit Christen auf der anderen Seite des Eisernen Vorhanges pflegen und ausbauen, so daß wir als Brüder und Schwestern in Christus miteinander für Vertrauensbildung arbeiten können.

e) Christen als Friedensstifter müssen die öffentliche Meinungsbildung fördern

Die westliche Friedensbewegung kann nur dann zur Friedensstiftung beitragen, wenn es ihr gelingt, die Öffentlichkeit zu informieren und zur Diskussion anzuregen. Es ist höchste Zeit, die öffentliche Meinungsbildung zu diesem Thema neu zu stimulieren und die Fragen neu zu formulieren. Können die bestehenden Atomwaffenarsenale noch als Abschreckung angesehen werden? Ist der Standpunkt »Stationierung ist moralisch akzeptabel, Einsatz unmoralisch« sinnvoll oder ein Widerspruch in sich? Haben wir nur die Wahl zwischen atomarer Abschreckung oder einseitiger Abrüstung, oder gibt es noch andere Wege »alternativer Verteidigungspolitik«? Wäre eine atomare Abrüstung sicherer, wenn gleichzeitig die konventionellen Streitkräfte aufrüsten? Kann es jemals gerechtfertigt sein, zur Verteidigung eines Landes das

Leben von Millionen unschuldiger Menschen zu opfern? Was ist letzten Endes wichtiger: die Integrität oder die Sicherheit eines Landes? Diese und andere Fragen müssen von neuem aufgeworfen und öffentlich diskutiert werden.

Einer der neueren Beiträge zu diesem Thema ist die Veröffentlichung des Berichtes der Palme-Kommission mit dem Titel »Sicherheit für Alle«, an dem u.a. auch ein Mitglied der sowjetischen Führung, Georgi Arbatov, und ein Pole mitgearbeitet haben. Dieser Bericht stellt einen Versuch dar, zwischen Abschreckung (die nur einen sehr unsicheren Schutz vor Krieg bietet) und einseitiger Abrüstung (die von der Kommission nicht empfohlen wird), einen Mittelweg zu finden. Die Kommission vertritt die Auffassung, daß Sicherheit, d.h. der Zustand, in dem militärische Attacken und Invasionen von außen weder theoretisch (in Form von Drohungen) noch praktisch zu befürchten sind, nur gemeinsam auf dem Wege der Zusammenarbeit erreicht werden kann. Die Brandt-Kommission empfahl eine Verbesserung des Nord-Süd-Dialoges auf der Basis wirtschaftlicher Zusammenarbeit, und zwar nicht aus moralischen Gründen, sondern zum beiderseitigen Vorteil, und ebenso empfiehlt die Palme-Kommission die Zusammenarbeit zwischen Ost und West zur beiderseitigen Sicherheit. Der Bericht »Sicherheit für Alle« hat sechs Grundprinzipien herausgearbeitet, auf denen gemeinsame Sicherheitspolitik beruhen kann:

1) Alle Länder und Nationen haben ein legitimes Anrecht auf Sicherheit. 2) Militärische Gewalt ist kein legitimes Mittel zur Lösung internationaler Konflikte. 3) Bei der Durchsetzung nationaler Interessen müssen Beschränkungen in Kauf genommen werden (wir sind gegen jede Form von einseitigen Vorteilen). 4) Sicherheit läßt sich nicht durch militärische Überlegenheit erreichen. 5) Reduzierung und qualitative Begrenzung des Rüstungsarsenals sind für die gemeinsame Sicherheit unumgänglich notwendig. 6) Verhandlungen über Rüstungsfragen sollten nicht mit tagespolitischen Ereignissen in Zusammenhang gebracht werden.

Zur Durchführung dieser Grundprinzipien empfiehlt die Kommission ein detailliertes Programm, mit dessen Hilfe wesentliche Fortschritte im Hinblick auf beiderseitige Rüstungsbegrenzung und Abrüstung erzielt werden könnten. Dieses Programm bestätigt das SALT II Abkommen und führt noch darüber hinaus. Empfohlen wird eine sehr weitgehende Rüstungsreduzierung, die Parität auf einer wesentlich niedrigeren Ebene zum Ziel hat sowie die Errichtung einer atomwaffenfreien Zone in Europa durch Abzug aller atomaren Kurz- und Mittelstreckenwaffen aus dem Gebiet von 150 Kilometern östlich und westlich der Grenze. Ferner wird für die Aufrechterhaltung einer klaren nuklearen Schwelle plädiert, d.h. gegen die Verwischung der Grenzen zwischen konventionellen und atomaren Waffensystemen sowie für eine Einrichtung einer von chemischen Waffen freien Zone in Europa. Weitere Empfehlungen der Kommission sind unter anderem die Aushandlung eines Abkommens zur Unterbindung von Atomversuchen sowie eines Abkommens zur Vernichtung der bestehenden chemischen Waffenpotentiale, die allgemeine Einhaltung bestehender Begrenzungsabkommen zum Zwecke der gegenseitigen Vertrauensbildung, die Stärkung der Sicherheitsmaßnahmen der Vereinten Nationen, die Abhaltung regionaler Sicherheitskonferenzen und schließlich die Erklärung einzelner Gebiete zu kampffreien Zonen bzw. Friedenszonen. Unter diesen und vielen weiteren Empfehlungen hat vor allem einer die Aufmerksamkeit der Öffentlichkeit auf sich gezogen, nämlich der Vorschlag der Errichtung einer atomwaffenfreien Zone in Europa, d.h. der Abzug aller Truppen und bereits stationierten Kernwaffen aus Mitteleuropa und später aus dem gesamten europäischen Raum.

Jeder Christ ist dazu berufen, ein Friedensstifter zu sein. Die Seligpreisungen aus der Bergpredigt sind nicht etwa eine Aufzählung von acht verschiedenen, möglichen Geisteshaltungen, von denen wir uns eine aussuchen können, je nach Geschmack, so daß einige von uns sich für Sanftmütigkeit entscheiden können, andere für Barmherzigkeit, und wieder andere dafür, Friedensstifter zu sein. Die Seligpreisungen in ihrer Gesamtheit sind die Beschreibung Christi, wie die Bewohner des Himmelreiches anzusehen sind. Sicherlich wird es uns nicht gelingen, hier auf Erden das »Himmelreich auf Erden« zu errichten, und auch Christi Reich des Friedens und der Gerechtigkeit wird sich wohl im Laufe der Menschheitsgeschichte niemals über die ganze Erde verbreiten, und erst bei seiner Wiederkunft werden die Völker ihre Schwerter zu Pflugscharen schmieden und ihre Spieße zu Rebmessern. Aber all das gibt uns noch lange nicht das Recht, unsere Produktion an Schwerten und Spießen ins Unermeßliche zu steigern. Oder wollen wir etwa behaupten, die für die letzten Tage prophezeite Hungersnot halte uns jetzt davon ab, für eine gerechtere Verteilung der vorhandenen Güter und Nahrungsmittel sorgen zu müssen? Ebensowenig darf uns die Prophezeiung kommender Kriege davon abhalten, uns für den Frieden einzusetzen. Gott ist ein Friedensstifter. Jesus Christus ist ein Friedensstifter. Wenn wir Gottes Kinder und Christi Nachfolger sein wollen, dann müssen auch wir Friedensstifter sein.

Anmerkungen:

1 Albert Einstein, aus einer Spendenbittschrift zugunsten des Atomic Scientists Emergency Committee, zitiert in der New York Times, 25. Mai 1946

2 Diesen Zahlen liegen folgende Statistiken zugrunde: *The Military Balance 1983-84* (International Institute for Strategic Studies, 1983) S. 118, 125-6 Und: *World Armaments and Disarmament* (SIPRI Jahrbuch 83)

3 *Common Security: A Programme for Disarmament, the Palme Commission Report* (Pan Books, 1982)

4 aus einer Rede vom 16.4.1953 mit dem Titel: *The Chance for Peace*

5 siehe auch Anm. 3, S. 49-70

6 Dale Aukerman, *Darkening Valley-A biblical perspective on nuclear war,* Seabury, 1981, Kapitel 15, S. 92-95

7 z.B. Gen. 9,4; Lev. 17,11; Deut. 12,23

8 *The Church and the Atom, the report of a Church of England Commission,* 1948, S. 43

9 *The Church and the Bomb, Nuclear Weapons and Christian conscience, an unofficial report of a Church of England working party* (Hodder & Stoughton, 1982) S. 97, 143-4, 162.

10 »The New Abolitionist Covenant« in: *Waging Peace – A handbook für the struggle to abolish nuclear weapons,* Hrsg. Jim Wallis (Harper & Row, 1982) abgedruckt. Auch in *Peace Makers* unter dem Titel: »Christian Voices from the New Abolitionist Movement«, Hrsg. Jim Wallis, (Harper & Row, 1983).

11 Michael Quinlan, »The Meaning of Deterrence« in: *The Cross and the Bomb,* Hrsg. Francis Bridger (Mowbray, 1983), S. 143

12 *The Challenge of Peace: Gods Promise and Our Response,* The U.S. Pastoral Letter (CTS/SPCK, 1983) S. 24-2.

13 *Before its too late – The Challenge of Nuclear Disarmament,* Hrsg. Paul Abrecht und Ninan Koshy (WCC, 1983) S. 10

14 Hugh Beach, »Where does the Nuclear-Free Path Lead? in: *The Cross and the Bomb,* s.o. S. 126.

15 Roger Ruston, OP, *Nuclear Deterrence – Right or Wrong?* Eine Studie für die römisch-katholische Kommission für Frieden und Gerechtigkeit in der Welt (Kath. Informationsdienst, 1981), S. 35-5, 58.

16 siehe Anm. 3, Seite 105, 141, 149.

2. Der Mensch und seine Umwelt

Die Umweltforschung ist eine vergleichsweise moderne Erscheinung. Die britische Regierung richtete erst 1970 ein Umweltministerium ein, dessen Leiter, ein Staatssekretär, zugleich für die Wohnungs- und Verkehrs- wie auch für die Kommunalpolitik zuständig war. Begriffe wie »Ökologie«, »Lebensraum«, »Umweltschutz« und »Umweltverschmutzung« zählen erst seit kurzem zu unserem Alltagsvokabular. Drei sich wechselseitig bedingende Gründe für das heutige Interesse liegen klar auf der Hand.

Gründe zur Besorgnis

Als erstes wäre die *Bevölkerungsexplosion* zu nennen. Daß die Weltbevölkerung wächst, weiß man schon seit Jahrhunderten, aber das alarmierende Tempo dieses Wachstums sowie dessen verheerende Folgen hat man erst seit dem Zweiten Weltkrieg erkannt bzw. vorausgesehen. Im Jahre 1800 lebten schätzungsweise eine Milliarde Menschen auf unserem Planeten. Bis 1900 stieg diese Zahl auf das Zweifache, bis 1980 sogar auf das Vierfache an. Bis zum Jahre 2000 wird die Weltbevölkerung vermutlich auf mehr als sechs Milliarden Menschen angewachsen sein. Da bereits jetzt, in den 80er Jahren, ein Fünftel der gesamten Menschheit – das sind immerhin 800 Millionen Menschen – am Rande des Existenzminimums lebt, stellt sich die bange Frage, wie wir in weniger als 20 Jahren mehr als sechs Milliarden Menschen ernähren wollen.

Ein zweiter Grund zur Besorgnis ist der *Rohstoffabbau.* 1972 machte der sogenannte »Club of Rome« die Weltöffentlichkeit auf das Schwinden der natürlichen Produktionsmittel aufmerksam. Bis dahin hatten westliche Politiker zuversichtlich eine jährliche Wachstumsrate von 4 v. H. vorausgesagt. Jetzt, bereits ein Jahr vor dem ersten Ölschock, erkannte man, daß fortgesetztes Wachstum und begrenzte Rohstoffvorkommen unvereinbar sind. Diese unangenehme Wahrheit machte E. F. Schumacher in seinem berühmten Buch *Small is Beautiful: Die Rückkehr zum menschlichen Maß* einer breiteren Öffentlichkeit zugänglich. Er sprach von der »Unfähigkeit, da zwischen Ertrag und Kapital zu unterscheiden, wo es auf diese Unterscheidung am meisten ankommt ..., nämlich beim unersetzlichen Kapital, das der Mensch nicht geschaffen, sondern einfach vorgefunden hat ...« Als erstes Beispiel dieses »natürlichen Kapitals« nennt Schumacher die fossilen Brennstoffe: »Fossile Brennstoffe werden vom Menschen nicht erzeugt; sie lassen sich nicht wiederverwenden. Wenn sie verbraucht sind, sind sie für immer dahin.« Als zweites Beispiel nennt er die »lebende Natur«, gemeint sind das Plankton im Meer, die Grünflächen der Erde, saubere Luft und so weiter, deren Zerstörung durch die Umweltvergiftung erschreckende Ausmaße angenommen hat. »Wenn wir unsere fossilen Brennstoffe verschleudern«, fährt Schumacher fort, »bedrohen wir die Zivilisation; doch wenn wir das Kapital verschleudern, das die lebende Natur um uns herum darstellt, bedrohen wir das Leben direkt.« Das »moderne Industriesystem«, meint er, sei ein törichtes Unternehmen, weil es »die Basis aufbraucht, auf der es errichtet wurde. Um in der Sprache des Wirtschaftswissenschaftlers zu sprechen, es lebt von unersetzlichem Kapital, das es sorglos als Ertrag behandelt.«[1]

Das dritte, damit verwandte Problem ist der *rasante Fortschritt im Bereich der Technik.* Die heutige technische Revolution, die Alvin Toffler als »die dritte Welle« bezeichnet hat (bei den ersten beiden handelte es sich um die landwirtschaftliche bzw. um die industrielle Revolution), mag vielleicht rechtzeitig eingetroffen sein, um uns als Menschen aus einer mißlichen Lage zu retten, aber abgesehen vom Silizium-Chip und von den Mikroprozessoren, die man damit entwickelt hat, verbraucht die moderne Technik ungeheure Mengen an Brennstoff und war in der Tat für die neuerliche Energiekrise verantwortlich. Manchmal wirkt sie wie ein Ungeheuer, das, wenn es aus der Kontrolle gerät, den, der es ins Leben rief, umbringen wird. Wir entdecken nämlich, wie leicht die Natur ins Ungleichgewicht zu bringen ist.

Nach meinem Dafürhalten waren es diese drei Faktoren, zusammen mit Fragen der Lebensmittelversorgung, der Kapitalinvestition und der Umweltvergiftung, aber auch die Vielschichtigkeit ihrer Wechselwirkungen, die zu den umstrittenen Prognosen der frühen 70er Jahre führten. In zwei Büchern – *World Dynamics* von Jay W. Forrester und *Die Grenzen des Wachstums: Bericht des Club of Rome zur Lage der Menschheit* von Dennis Meadows u. a. (beide Bücher entstanden im Umfeld des Massachussetts Institute of Technology und wurden mit Hilfe von Computern abgefaßt) – wurden unterschiedliche, aber in beiden Fällen pessimistische, beinahe alarmierende Zukunftsmodelle entworfen und als einzige Lösung das »Nullwachstum« gefordert.

Im Jahre 1973 wurden jedoch beide Modelle durch ein interdisziplinäres Team der Science Policy Research Unit der University of Sussex unter der Leitung von Dr. Christopher Freeman einer schonungslosen Kritik unterzogen. Die Ergebnisse wurden im Februar 1973 unter dem Titel »The Limits to Growth Controversy« (Die Auseinandersetzung um die Grenzen des Wachstums) in einer Sonderausgabe der Zeitschrift *Futures* veröffentlicht.[2] Diese Wissenschaftler teilten zwar die Besorgnis der M.I.T-Mitarbeiter um die Zukunft, übten jedoch Kritik an deren Schlußfolgerungen, da diese nach Ansicht der englischen Forscher auf äußerst fragwürdigen Voraussetzungen beruhten. Das Argument der M.I.T.-Mitarbeiter wurde aus folgenden Gründen beanstandet: 1. Es fußte nicht auf präzisen Fakten über die Welt, wie sie wirklich sein wird – solche Fakten stehen gar nicht zur Verfügung –, sondern lediglich auf plausiblen Vermutungen über die Zukunft. 2. Die Auswahl und Auswertung der »ins Gewicht fallenden« sowie die Ausklammerung der »unerheblichen« Daten waren durch die ideologiebedingten Wertvorstellungen der Verfasser beeinflußt worden. 3. Die Möglichkeiten fortgesetzten technischen Fortschritts wurden unterschätzt. Bei einer 1970 gemachten Prognose hätte man weder das Erdöl noch die Atomkraft berücksichtigen können; ebensowenig können wir bei heutigen Prognosen auch nur annähernd genau die zukünftige Entwicklung der Solarenergie oder der Kernverschmelzung voraussagen.

Ungeachtet der wissenschaftlichen Kontroverse wurde 1977 der *Global 2000 Report to the President* (Bericht an den Präsidenten über die Lage der Welt im Jahre 2000) von Präsident Carter in Auftrag gegeben und 1980 Präsident Reagan vorgelegt (aber, wie viele Beobachter meinen, nicht zur Kenntnis genommen). Dieser Bericht, den man mit dem Untertitel »Der Übergang ins 21. Jahrhundert« versah, wurde mit Hilfe von Computer-Hochrechnungen angefertigt, bei denen man davon ausging, daß gegenwärtige Trends sich fortsetzen werden. Er enthält, so zumindest die Verfasser, keine Spekulationen, sondern will normativ sein. Hier werden mutig und offen die schwerwiegendsten Probleme der Zukunft aufgezählt: eine Weltbevölkerung von mehr als sechs Milliarden Menschen, von denen über 83 v. H. in den Entwicklungsländern des Südens leben werden; ein durch massives Abholzen des Urwalds bedingtes Umsichgreifen der Wüstengebiete und ein Rückgang der Binnengewässer; das Aussterben einer halben Million Tier- und Pflanzenarten; und eine unvorstellbare Verstädterung: Aus Mexiko-Stadt beispielsweise wird eine riesige Megalopolis mit 30 Millionen Einwohnern.

Was können Christen zu dieser von der Zukunftsangst geprägten Diskussion beitragen?

Die biblische Perspektive

Einen biblischen Zugang zur Umweltproblematik ermöglicht uns folgende Grundsatzfrage: Wem gehört die Erde? Die Schlichtheit dieser Frage täuscht. Denn wie wollen wir sie beantworten? Zunächst einmal können wir in der Tat eine recht einfache Antwort nennen. Sie steht in Psalm 24,1 und lautet: »Die Erde ist des Herrn und was darinnen ist.« Gott ist der Schöpfer und hat daher das Recht, die Welt als sein Eigentum zu betrachten. Das ist jedoch nur eine Teilantwort. In Psalm 115,16 lesen wir: »Der Himmel ist der Himmel des Herrn; aber die Erde hat er den Menschenkindern gegeben.« Eine ausgewogene biblische Antwort auf unsere Frage müßte also lauten: Die Erde gehört sowohl Gott als auch dem Menschen. Sie gehört Gott, weil er sie erschaffen hat; aber sie gehört auch uns, weil Gott sie uns geschenkt hat. Das heißt natürlich nicht, daß er sie uns ganz und gar ausgeliefert und sich selbst weder Rechte noch Herrschaftsanspruch vorbehalten hat; Gott hat uns die Erde gegeben, damit wir stellvertretend für ihn über sie herrschen. Die Erde haben wir zwar gepachtet, unser Eigentum ist sie jedoch nicht. Während Gott selbst im wahrsten Sinne des Wortes der »Gutsherr«, der Herr des Landes, bleibt, sind wir nur die Pächter.

Diese zweifache Wahrheit, nämlich daß die Erde sowohl Gott als auch uns gehört, wird in Genesis 1 und 2 ausführlich dargelegt. In Genesis 1 kommt das Wort »Erde« mehrfach vor:

Vers 10	»Und Gott nannte das Trockene Erde ...«
Verse 11.12	»Und Gott sprach: Es lasse die Erde aufgehen Gras und Kraut ... Und es geschah so. Und die Erde ließ aufgehen Gras und Kraut ...«
Verse 24	»Und Gott sprach: Die Erde bringe hervor lebendiges Getier ... Und es geschah so.«
Verse 26	»Und Gott sprach: Lasset uns Menschen machen, ein Bild, das uns gleich sei, die da herrschen ... auf Erden ...«

Vers 28 »Und Gott segnete sie und sprach zu ihnen: ... füllet die Erde und machet sie euch untertan.«

Dieses biblische Material berechtigt uns zu drei Feststellungen:

Erstens: *Gott hat dem Menschen die Herrschaft über die Erde übertragen.* Beachten wir die beiden göttlichen Selbstentschließungen in Vers 26: »Lasset uns Menschen machen, ein Bild, das uns gleich sei«, und: »Die sollen herrschen ...« (Zürcher Übers.). Beachten wir ebenfalls die beiden Handlungen, durch die Gott seine Beschlüsse zum Ausdruck brachte: »Und Gott schuf den Menschen zu seinem Bilde«, und: »Gott ... sprach zu ihnen: ... Füllet die Erde und machet sie euch untertan« (Verse 27.28). Wir Menschen waren also von Anfang an in einem zweifachen Sinne einzigartig: Zum einen wurden wir im Ebenbild Gottes geschaffen (und verfügen daher über geistige, sittliche, soziale und geistliche Eigenschaften, die es uns möglich machen, Gott zu erkennen); und zum anderen üben wir über die Erde sowie über die Geschöpfe dieser Welt die Herrschaft aus.

Unsere einzigartige Herrschaft über die Erde verdanken wir unserer einzigartigen Gottesbeziehung. Gott hat in seiner Schöpfung eine hierarchische Ordnung festgelegt, in der der Mensch eine Stellung zwischen Gott als dem Schöpfer und dem Rest der Schöpfung, ob beseelt oder unbeseelt, einnimmt. In gewisser Hinsicht sind wir mit der übrigen Natur eins, da wir selbst ein Teil davon und dem Rang nach Geschöpfe sind. In anderer Hinsicht unterscheiden wir uns von der Natur, da wir als Ebenbild Gottes geschaffen wurden und die Herrschaft ausüben. Biologisch gesehen sind wir wie die Tiere: Wir atmen beispielsweise wie sie (Gen. 1,21.24; 2,7: »lebende Wesen«, vgl. Zürcher Übers.), wir ernähren uns wie sie (Verse 29.30) und wir pflanzen uns wie sie fort (»Seid fruchtbar und mehret euch« – Verse 22.28). Wir erfreuen uns aber auch einer höheren Bewußtseinsebene und sind insofern nicht den Tieren, sondern Gott ähnlich. Wir können denken, wählen, schöpferisch sein, lieben, beten und die Herrschaft ausüben. Darin erweist sich unsere Stellung zwischen Gott und der Natur, zwischen dem Schöpfer und den übrigen Geschöpfen. In uns verbindet sich die Abhängigkeit von Gott mit der Herrschaft über die Erde. Gerhard von Rad merkt dazu an: »So wie auch irdische Großkönige in Provinzen ihres Reiches, in denen sie nicht persönlich aus- und eingehen, ein Bildnis ihrer selbst als Wahrzeichen ihres Herrschaftsanspruches aufstellen, – so ist der Mensch in seiner Gottesbildlichkeit auf die Erde gestellt, als das Hoheitszeichen Gottes.«[3]

Im allgemeinen hat der Mensch dem Gebot Gottes, die Erde zu füllen und sie sich untertan zu machen, Folge geleistet. Zunächst machte er nur langsame Fortschritte. Aus dem Jäger wurde ein Landwirt. Er lernte, den Boden zu bearbeiten, kultivierte Flächen vor der Verwüstung durch wilde Tiere zu schützen und den Ertrag der Erde zu nutzen, um sich und seine Familie mit Nahrung, Kleidung und einem Heim zu versorgen. Als nächstes lernte der Mensch, Tiere zu domestizieren und sie sich dienstbar zu machen, um so seine Arbeit zu erleichtern und sich nebenbei auch Freude zu verschaffen. Dann entdeckte er die geheimnisvollen Energiequellen, die Gott im Schoß der Erde verborgen hatte: Feuer, später auch Wasser und Dampf, Kohle, Erdgas und Erdöl, jetzt auch Uran, das Atom und den Silizium-Chip.

In alledem – in den Forschungen, Entdeckungen und Erfindungen der Menschen, in der Biologie, der Chemie und der Physik und in anderen Bereichen sowie im Siegeszug der Technik – hat der Mensch Gott gehorcht und seine ihm von Gott verliehene Herrschaft ausgeübt. Es kann, zumindest prinzipiell, keine Rede davon sein, daß der Mensch, wie Prometheus, Feuer von den Göttern gestohlen habe. Obwohl er die Erde immer mehr unter seine Kontrolle gebracht hat, ist der Mensch dabei weder in Gottes Privatsphäre eingedrungen noch hat er ihm die Macht entrissen. Noch weniger bildet er sich ein, die Wissenslücken, für die Gott früher als Lückenbüßer herhalten mußte, ausgefüllt zu haben, so daß er gänzlich auf Gott verzichten könnte. Es wäre töricht, derartige Schlüsse zu ziehen. Durch die Entwicklung von Werkzeugen und Technik, durch die Bewirtschaftung des Landes, den Abbau von Mineralien, die Gewinnung von Brennstoffen, die Eindämmung von Flüssen zur Erzeugung von Wasserkraft und durch die Nutzung der Kernenergie kommt der Mensch seinem Urauftrag nach. Gott hat die Erde mit allem versehen, was wir an Nahrung, Wasser, Kleidung, Schutz, Energie und Wärme brauchen, und hat die Erde, in der alle diese Dinge verwahrt werden, unserer Herrschaft unterstellt.

Zweitens: *Um herrschen zu können, müssen wir mit Gott und der Natur zusammenwirken.* Durch die Ausübung unserer gottgegebenen Herrschaft rufen wir keineswegs die natürlichen Abläufe hervor; wir wirken vielmehr mit ihnen mit. Aus Genesis 1 geht eindeutig hervor, daß die Erde bereits fruchtbar war, als Gott dem Menschen den Auftrag erteilte, sie zu füllen und sie sich untertan zu machen. Es stimmt natürlich, daß der Mensch die Erde noch fruchtbarer machen kann. Er kann den Boden urbar machen, pflügen, bewässern und düngen. Er kann das Wachstum von Pflanzen fördern, indem er sie unter Glas zieht. Durch den Fruchtwechsel kann er die Ertragsfähigkeit des Bodens erhalten. Durch selektives Züchten kann er seinen Viehbestand verbessern. Durch das Kreuzen verschiedener Getreidearten kann er höhere Erträge erzielen. Er kann den Mäh- und Dreschvorgang auf mechanischen Ablauf umstellen, indem er riesige Mähdrescher einsetzt. Aber bei all diesem Tun wirkt er lediglich mit den von Gott bereits festgelegten Fruchtbarkeitsgesetzen mit. Hinzu kommt, daß der Mensch weiterhin sein Land unter dem »Segen« Gottes bestellt (Ps. 65,10ff.), auch wenn er, da Gott den Boden »verflucht« hat, in der Landwirtschaft »Mühsal« erleben muß (Gen. 3,17).

Es stimmt ebenfalls, daß der Mensch diese Abläufe *künstlich* beherrscht und sogar beschleunigt; aber die Abläufe selbst sind in der *Natur* vorgegeben. Hier wirkt der Mensch also mit Gott mit. Die »Natur« ist das, was Gott gibt, aber das, was wir damit anfangen, ist die »Kultur« bzw. die »Kultivierung«.

Gewiß, es stellt für Gott eine Erniedrigung dar, daß er bei der Unterwerfung der Erde und der Bearbeitung des Bodens auf unsere Mitwirkung angewiesen ist. Aber auch wir müssen uns erniedrigen, indem wir anerkennen, daß unsere Herrschaft über die Erde ganz und gar unfruchtbar wäre, wenn Gott die Erde nicht zuvor fruchtbar gemacht hätte und wenn er nicht auch weiterhin »das Gedeihen gäbe«.

Diese Verbindung von Natur und Kultur, von menschlicher Hilflosigkeit und menschlichem Fortschritt, von Rohstoffquellen und Arbeit, von Glauben und Wirken wirft ein bezeichnendes Licht auf das moderne Klischee, nach dem der Mensch nun »mündig« sei und Kraft seines neuerworbenen Erwachsenseins gänzlich auf Gott verzichten könne. Was die Technik betrifft, ist der Mensch tatsächlich mündig geworden. Bei der Bezähmung, der Beherrschung und der Nutzbarmachung der Natur hat er außerordentliches Geschick entwickelt. In dieser Hinsicht ist er ein *Herr*, wie es der Absicht und dem Gebot Gottes entspricht. Doch er ist ebenfalls ein *Kind*, denn er ist letzten Endes von der väterlichen Vor- und Fürsorge Gottes, der ihm Sonnenschein, Regen und fruchtbare Jahreszeiten schenkt, abhängig. Zu diesem Punkt zitiert E. F. Schumacher Tom Dale und Vernon Gill Carter: »Der Mensch, ob einer Kultur angehörig oder als Wilder, ist ein Kind der Natur – nicht ihr Herr. Er muß sein Tun bestimmten Naturgesetzen anpassen, will er die Beherrschung seiner Umwelt aufrechterhalten.«[4]

Drittens: *Da unsere Herrschaft uns von Gott übertragen wurde, sind wir ihm Rechenschaft schuldig.* Das heißt: Die Herrschaft, die wir über die Erde ausüben, steht uns nicht von Rechts wegen zu, sondern sie ist ein Geschenk. Die Erde »gehört« uns zwar, aber nicht weil wir sie erschaffen hätten oder sie besäßen, sondern weil ihr Schöpfer sie uns anvertraut hat.

Daraus ergeben sich wichtige Folgen. Stellen wir uns die Erde als ein Königreich vor, dann sind wir keine Könige, die über ein eigenes Territorium, sondern nur Vizekönige, die, da der König nicht abgedankt hat, in seinem Auftrag regieren. Oder wenn wir uns die Erde als ein Gut vorstellen, sind wir nicht die Gutsbesitzer, sondern nur Gutsverwalter, die das Gut im Namen des Besitzers bewirtschaften. Gott hat uns zu »Hausmeistern« gemacht, die auf sein Eigentum aufpassen sollen.

Daß Gott weiterhin im Besitz der Erde ist und daß er sie wie auch das ganze All liebevoll umsorgt, bezeugt die Schrift an vielen Stellen. Wir sahen bereits, daß in Psalm 24,1 steht: »Die Erde ist des Herrn.« Das schließt alle Lebewesen ein, die die Erde bewohnen: »Denn alles Wild im Walde ist mein und die Tiere auf den Bergen zu Tausenden. Ich kenne alle Vögel auf den Bergen; und was sich regt auf dem Felde ist mein« (Ps. 50,10.11). In der Bergpredigt dehnt Jesus die Herrschaft Gottes auf alle Geschöpfe aus, vom größten bis zum kleinsten: Einerseits läßt Gott »seine« Sonne aufgehen (sie gehört ihm also), andererseits ernährt er die Vögel und kleidet die Lilien und das Gras auf dem Feld (Matt. 5,45; 6,26.28.30). Also trägt Gott die ganze Schöpfung; er hat sie zwar uns anvertraut, doch hat er sich nie von seiner Verantwortung für sie losgesagt.

Wohl aus diesem Grund gehörte nicht einmal das Land Kanaan dem Volke Israel. Gewiß, es handelt sich dabei um das »verheißene Land«, denn Gott hatte versprochen, es den Nachkommen Abrahams zu schenken, was er später auch tat. Einzelne Israeliten verfügten jedoch nur als Vertreter ihres jeweiligen Stammes über Grundbesitz. Erbbesitz durfte weder außerhalb des eigenen Stammes noch für immer veräußert werden (Num. 36,5ff.). Alle 50 Jahre einmal, nämlich im Jubeljahr, fiel alles Land an die ursprünglichen Besitzer zurück. Auf diese Weise machte Gott den Israeliten klar, daß das Land immer noch ihm gehörte und daß niemand ein Recht auf freien Grundbesitz hatte. Das Recht auf Privateigentum wurde allerdings anerkannt; im Gesetz wurden nicht nur der Diebstahl, sondern auch das Begehren untersagt. Dennoch sollten alle Eigentümer zweier fundamentaler Wahrheiten eingedenk sein. Zum einen waren sie nur vorübergehend ansässig: »Darum sollt ihr das Land nicht verkaufen für immer, denn das Land ist mein, und ihr seid Fremdlinge und Beisassen bei mir« (Lev. 25,23). Zum anderen durften sie nicht alle Erzeugnisse des Landes für sich selbst behalten, sondern mußten damit auch ihren bedürftigen Nächsten versorgen. Wie Professor Martin Hengel schreibt: »Das Recht auf Eigentum war dabei grundsätzlich der Fürsorgepflicht für die sozial Schwachen untergeordnet worden.«[5] Interessanterweise hat vor kurzem Papst Johannes Paul II. die diesbezüglichen Aussagen der christlichen Tradition mit ähnlichen Worten zusammengefaßt. In seiner Enzyklika *Laborem exercens* (1981) distanzierte er sich sowohl vom marxistischen »Kollektivismus« wie auch vom liberalen »Kapitalismus«. »In diesem zweiten Fall«, erklärte er, »liegt der Unterschied (zum kirchlichen Verständnis) in der Auffassung selbst vom Recht auf Eigentum. Die christliche Tradition hat dieses Recht nie als absolut und unantastbar betrachtet. Ganz im Gegenteil, sie hat es immer im größeren Rahmen des gemeinsamen Rechtes aller auf die Nutzung der Güter der Schöpfung insgesamt gesehen: *das Recht auf Privateigentum als dem gemeinsamen Recht auf Nutznießung untergeordnet.*«[6]

Unsere Herrschaft über die Erde wurde uns zu dem Zweck von Gott übertragen, daß wir mit ihm mitwirken und den Ertrag der Erde mit anderen teilen. Darum sind wir, was unsere Verwalterschaft angeht, Gott Rechenschaft schuldig. Wir sind nicht frei, alles mit unserer natürlichen Umwelt zu tun, was uns gefällt; diese Umwelt ist nicht unser Eigentum und wir dürfen nicht so mit ihr umgehen, wie wir gerade möchten. »Herrschaft« ist nicht gleichbedeutend mit »Vernichtung«. Die Erde ist uns zu treuen Händen übergeben worden, darum müssen wir sie sowohl um unserer eigenen als auch um der zukünftigen Generationen willen verantwortungsbewußt und produktiv verwalten.

Der Streit um die Umwelterhaltung

Sind wir Treuhänder, dann sind wir auch verpflichtet, unsere Umwelt zu erhalten. Die größte Gefahr für die Menschheit liegt vielleicht am Ende nicht im Nuklearkrieg, sondern darin, daß der Mensch in Friedenszeiten entweder aus Torheit oder aus Habgier Raubbau an den natürlichen Rohstoffquellen treibt. Alles Leben auf der Erde hängt von der Biosphäre ab, jener dünnen Schicht aus Wasser, Land und Luft, in der wir leben. Doch haben wir bisher, vor allem in diesem Jahrhundert, keinen großen Beitrag zu ihrer Erhaltung geleistet.

Viele Landstriche in Amerika, Afrika und Asien, die einst aus fruchtbarem Ackerland bestanden, sind mittlerweile durch Mißbrauch unwiderruflich zu Wüsten oder Steppen geworden. Im Verlauf der letzten 100 Jahre hat die Ausdehnung der Wüste weltweit um 150 v. H. zugenommen, so daß heute nahezu 50 v. H. der Landfläche der Erde aus Wüste und Halbwüste besteht. Die Kohlevorkommen könnten möglicherweise noch weitere zwei Jahrhunderte ins 21. Jahrhundert hinein verfügbar sein. Die Lagerung von Atommüll sorgt in der Bevölkerung für erhebliche Unruhe. Der Erie-See, der in den 50er Jahren jährlich einen Ertrag von sieben Millionen Pfund Blauhecht erbrachte, wurde in den 60er Jahren so sehr durch Giftstoffe aus Industrieabfällen und Hausmüll verseucht, daß jegliches Leben in ihm erstarb; er erholt sich nur sehr langsam. Viele weitere Flüsse und Seen sind ebenfalls betroffen. »Der berüchtigste aller verseuchten Flüsse ist der Rhein«, schrieb Dr. Ron Elsdon, »denn 1973 leitete die Industrie *jeden Tag* insgesamt nahezu 62.000 Tonnen Chemikalien – vor allem Chlor, Sulfate, Kalzium, Magnesium und Nitrate – in den Fluß.«[7] Dann gibt es die Ozeane. Nicht mehr zu berechnen ist die Wirkung von Pestiziden auf Algen und Plankton, die den für uns lebensnotwendigen Sauerstoff abgeben. Allein in den Vereinigten Staaten werden jährlich etwa 142 Millionen Tonnen Qualm und sonstige Schadstoffe durch die Schornsteine in die Atmosphäre gejagt. Ein vierstrahliges Düsenflugzeug stößt in zehn Minuten 2,6 Tonnen Kohlendioxyd aus. Und was die Vergeudung von Holz bei der Papierherstellung angeht: Eine einzige Sonntagsausgabe der *New York Times* verbraucht 150 Morgen Wald. Ich habe sogar gelesen, daß weltweit jede Minute 14 Morgen Wald vernichtet werden,[8] und Professor Rowland Moss führt folgende Aussage an: »Wenn jeder Erdbewohner jeden Tag eine Zeitung kaufte, wäre binnen 30

Jahren der gesamte Waldbestand der Erde vernichtet.«[9] Diese Umweltschädigung ist zweifellos zum Teil auf menschliche Unwissenheit zurückzuführen, wie das auch bei den ersten *Dust Bowls* (»Staubschüsseln«, d.h. Gebiete, die durch Sinken des Grundwasserspiegels ihrer Erdkrume beraubt sind) der Fall war. Dennoch hat der Board for Social Responsibility der Kirche von England nicht übertrieben, als er feststellte: »Der Raubbau, der an der Erde getrieben wird, ist nicht bloß ein Irrtum oder ein Fehler, sondern eine Gotteslästerung.«[10] Es handelt sich um eine Sünde gegen Gott und Menschen.

Dennoch haben nicht alle Christen die Verantwortung angenommen, die die Bibel uns auferlegt; einige haben sogar ihre eigene Verantwortungslosigkeit anhand der Genesis-Erzählung zu rechtfertigen versucht. Schriftsteller Gavin Maxwell, dessen Bücher – insbesondere sein *Ring of Bright Water* – von Ottern handeln, berichtet, wie er einmal zwei hübsche junge Otter verlor, die er aus Nigeria mitgebracht hatte: »Ein Geistlicher der Kirche von Schottland, der mit einer Schrotflinte am Ufer spazierenging, fand sie dort spielen und schoß auf sie. Einer wurde sofort getötet, der andere verendete wenig später im Wasser. Der Geistliche brachte zwar sein Bedauern zum Ausdruck, erinnerte jedoch einen Journalisten daran, daß der Herr dem Menschen die Herrschaft über die Tiere des Feldes gegeben habe ...«[11] Hierzu merkt Professor C. F. D. Moule zu Recht an: »Ein Verbrechen gegen Verstand und Gefühl kann man nicht dadurch rechtfertigen, daß man sich auf bloße Texte beruft.«[12]

Wie steht es aber um die Genesis-Texte? Sind wir uns sicher, daß wir sie richtig ausgelegt haben? Oder haben die Kritiker des Christentums etwa recht, wenn sie behaupten, diese Verse seien an der ökologischen Verantwortungslosigkeit der heutigen Menschheit schuld? Lynn White, Professor für Geschichte an der University of California, Berkeley, hat beispielsweise festgestellt: »Das Christentum hat ... nicht nur einen Dualismus von Mensch und Natur errichtet, sondern sogar ausdrücklich erklärt, es sei Gottes Wille, daß der Mensch die Natur für seine eigenen Zwecke ausbeuten solle ... Das Christentum trägt eine große Schuld.« [13] Noch deutlicher wird Ian L. McHarg. Er ist Schotte und verbrachte seine Kindheit abwechselnd im häßlichen Glasgow und in den schönen Gegenden um den Firth of Clyde bzw. auf den Hebriden. Er wurde Städteplaner und Ökologe sowie Begründer und Erster Vorsitzender des Department of Landscape Architecture and

Regional Planning an der University of Pennsylvania. 1969 schrieb er, daß die Genesis-Erzählung, »indem sie ausdrücklich die Herrschaft des Menschen und die Unterwerfung der Natur betont, im Mensch die ausbeuterischsten und destruktivsten Instinkte wachruft, statt Ehrfurcht vor der Schöpfung und Kreativität zu fördern. Wer denen einen Freiraum schaffen will, deren erklärtes Ziel es ist, die Belastung der Umwelt mit Radioaktivität zu erhöhen, Kanäle und Häfen mit Hilfe von Atombomben zu schaffen, rücksichtslos Giftstoffe einzusetzen und der Planierraupe-Mentalität Vorschub zu leisten, wird keine bessere Rechtfertigung finden als diesen Text« – gemeint ist Genesis 1,26 + 28. »Haben wir dies begriffen«, fährt er fort, »so werden die Unterjochung der Natur, die Verwüstung der Umwelt und der Raubbau, der heute an den Rohstoffreserven getrieben wird, durchaus verständlich.«[14] Denn Gottes Behauptung hinsichtlich der Herrschaft des Menschen komme – so McHarg wörtlich – »einer Kriegserklärung gegen die Natur« gleich. Seine Ausführung beschließt er mit den Worten: »Als Bestandsaufnahme der Beziehung des Menschen zur Natur müßten die Begriffe herrschen und untertan machen aus der Bibel gestrichen werden.«[15]

Diesen Angriff setzte Ian McHarg 1972/73 anläßlich seiner Dunning Trust-Vorlesungen fort. Die im Westen vorherrschende Einstellung gegenüber der natürlichen Umwelt sei auf jene »drei schrecklichen Zeilen« zurückzuführen, in denen der Verfasser von Genesis 1 berichtet, wie Gott dem Menschen die Herrschaft über die Erde übertrug. »Herrschaft ist eine nicht übertragbare Beziehung«, meint McHarg. »Suchen Sie einen einzigen haarsträubenden Text, der die Gewähr dafür bietet, daß die Beziehung des Menschen zur Natur unweigerlich zur Zerstörung der Umwelt führen wird, der jegliches schöpferische Geschick im Keim erstikken und der all die Vernichtung und Verwüstung, die der Mensch in den vergangenen 2000 Jahren abendländischer Tradition angerichtet hat, erklären wird? Dann brauchen Sie nicht weiterzusuchen. Befassen Sie sich mit diesen entsetzlichen, unheilschwangeren Zeilen.«[16]

Um seinen Argumenten Nachdruck zu verleihen, bediente sich Dr. McHarg einer überaus leidenschaftlichen Sprache. Einige irregeleitete Menschen, so zum Beispiel der Geistliche, von dem Gavin Maxwell berichtet, mögen in der Tat versucht haben, ihre verantwortungslose Einstellung gegenüber der Natur durch einen ebenso verantwortungslosen Umgang mit Genesis 1 zu rechtfertigen.

Dennoch ist es absurd, diesen Text als »haarsträubend«, »entsetzlich« und »unheilschwanger« zu bezeichnen und ihm dann auch noch zwei Jahrtausende der Umweltschädigung im Abendland anzulasten. Wenden wir uns also diesem Text lieber noch einmal zu.

Es stimmt, daß die beiden hebräischen Ausdrücke, die in Genesis 1,26 + 28 verwendet werden, sehr gewichtig sind. Das Verb, das mit »herrschen« übersetzt wird, bedeutet soviel wie »niedertreten« oder »niedertrampeln« und wird in Psalm 8 mit den Worten: »Alles hast du unter seine Füße getan« treffend umschrieben. Im Alten Testament wird es oftmals verwendet, um die Herrschaft eines Königs zu beschreiben. Das andere Verb – »machet untertan« – wurde benutzt, um die Unterwerfung von Feinden in Kriegszeiten zu beschreiben, oder wenn Menschen unterjocht oder zu Sklaven gemacht wurden. Hier wird also dem Menschen geboten, über alle Geschöpfe im Meer, am Himmel und auf der Erde zu herrschen (V. 26) und die Erde zu unterwerfen bzw. zu versklaven (V. 28). Hat Ian McHarg also doch recht? Keineswegs. Ein grundlegendes Prinzip biblischer Exegese besagt, daß die Bedeutung eines Wortes nicht ausschließlich aufgrund seiner Etymologie ermittelt werden kann. Der Kontext, in dem das Wort jeweils gebraucht wird, muß ebenfalls berücksichtigt werden. Zur Auslegung dieser Verse gehört also auch das, was ich bereits über dieses biblische Gebot gesagt habe. Wie wir sahen, übertrug Gott dem Menschen seine Herrschaft; der Mensch bleibt Gott verantwortlich und muß mit ihm mitwirken. Wie sein Schöpfer, so soll auch der Mensch der Umwelt liebevolle Fürsorge zukommen lassen. Der Mensch soll weder die Erde noch die Geschöpfe dieser Welt ausbeuten, sondern sich ihrer so bedienen, daß er sein Tun vor Gott verantworten und anderen dienen kann. Wir haben nicht die Freiheit, das zu tun, was Ian McHarg sich während einer seiner Vorlesungen erlaubte: Er stellte nämlich Genesis 1 und Genesis 2 als Gegensätze hin und behauptete, Genesis 2 lehre die »Kultivierung«, Genesis 1 aber die »Vernichtung«. Das stimmt nun wirklich nicht. Die beiden Abschnitte ergänzen sich. Gott übertrug dem Menschen ein verantwortungsvolles Verwalteramt; deshalb muß der Mensch mit den verfügbaren Ressourcen haushalten. Der Schöpfer fordert uns keinesfalls auf, das, was er geschaffen hat, zu vernichten.

Das heutige Umweltbewußtsein

Unsere Generation hat ganz gewiß angefangen, diese Verantwortung ernstzunehmen. Mit Nachdruck weisen Wissenschaftler darauf hin, daß die Natur sehr leicht aus den Fugen geraten kann. Gott hat nahezu unglaubliche Kräfte der Regeneration in die Natur hineingelegt, dazu noch einen Kreislauf der Energieerneuerung (Sonnenenergie gelangt über Pflanzen und Bakterien in den Boden und wieder zurück). Dieser Kreislauf zeigt exemplarisch, was Barbara Ward einmal als »die hehre Einheit« unseres Planeten bezeichnete. Er geht auf Naturgesetze zurück, die »ein dynamisches, von äußerst empfindlichen Kontrollmechanismen in der Balance gehaltenes Gleichgewicht der Kräfte« hervorrufen.[17] »Diese sind so vielgestaltig«, meint der amerikanische Umweltschützer Dr. John Klotz, »daß sie nicht durch Zufall entstanden sein können.«[18] Aber wenn wir die grünen Flächen der Erde ausplündern oder das Plankton der Weltmeere vernichten, werden wir im Kreislauf rasch an den Punkt gelangen, von wo aus es kein Zurück mehr gibt. Die umfangreichen wissenschaftlichen Erkenntnisse, die uns heute zur Verfügung stehen, »machen vor allem deutlich«, schreibt Barbara Ward, »daß äußerste Vorsicht geboten ist. Wir sollten das ungeheure Ausmaß, die Vielschichtigkeit und die überaus große Empfindlichkeit der Kräfte, die entfesselt oder aus dem Gleichgewicht gebracht werden können, stets bedenken.«[19]

In den letzten Jahren hat es eine Reihe ermutigender Anzeichen gegeben. In Großbritannien haben die 1956 und 1968 verabschiedeten Gesetze zur Reinhaltung der Luft London von dem todbringenden, gelblich-suppigen Nebel der frühen 50er Jahre, an den ich mich noch gut erinnern kann, befreit. (1952 waren im Londoner Smog rund 4000 zumeist ältere Menschen ums Leben gekommen.[20] Im Gegensatz hierzu ist der Smog in Tokio so schlimm geworden, daß man am Straßenrand Sauerstoffautomaten aufgestellt hat, an denen Polizisten und Fußgänger bei Bedarf ein paar Züge tun können. In Europa macht man sich zur Zeit große Sorgen um den »sauren Regen«, jene gefährliche Säuerung der Luft, die durch das unvollständige Verbrennen von fossilen Brennstoffen verursacht wird. Dann gibt es die Arbeit der Royal Commission on Pollution, die im Verlauf der letzten 15 Jahre acht oder neun Berichte zu Themen wie Luftverschmutzung, Kernkraft, Agrarpolitik und Ölteppiche auf dem Meer veröffentlicht hat. Seit der UNO-Konferenz »Der Mensch und seine Umwelt«, die im Juni 1972 in Stockholm stattfand und an die ein internationales Symposium erinnerte, das zehn Jahre später in derselben Stadt veranstaltet wurde, ist die Sorge um das nackte Überleben der Besorgnis um die »Lebensqualität« gewichen. Die »grüne« Bewegung mit ihren »Umweltparteien« sorgt dafür, daß Umweltthemen weiterhin im Mittelpunkt des öffentlichen Interesses stehen. Es hat, auch was die Wiederverwendung von Abfallprodukten betrifft, zahlreiche Experimente gegeben. Dank spezieller Verschrottungsverfahren können jetzt alle Metall- und Plastikteile ausgedienter Fahrzeuge verwertet werden. In städtischen Müllverbrennungsanlagen, beispielsweise in der Bundesrepublik, in Japan und in den USA, werden Abfälle, ohne daß dadurch die Luft verpestet wird, verbrannt, um Dampf und damit wieder Licht und Wärme zu erzeugen. Und gewisse Spaßvögel wollen erfahren haben, daß in der fleischverarbeitenden Industrie ohnehin alles verwendet wird – bis auf das Gequieke der Schweine!

Natürlich bleibt noch viel Raum für Innovationen. Global gerechnet wird nur 1 v. H. der verfügbaren Bodenfläche landwirtschaftlich genutzt. Würde eine kostengünstigere Methode erfunden, Salzwasser zu entsalzen, könnten die Wüstengebiete der Erde bewässert werden und »wie die Lilien blühen«. Das Meer, das die Erdoberfläche zu zwei Dritteln bedeckt, birgt ungeheure Schätze an eiweißreichem Fisch, von den Vorräten an Erdöl, Erdgas und Mineralien gar nicht erst zu reden. Wir haben es aber nicht gelernt, die Weltmeere zu bewirtschaften; in dieser Hinsicht befinden wir uns immer noch auf einer Ebene mit primitiven Jägern. Dazu kommt, daß wir uns der Überfischung schuldig gemacht haben. Andererseits wurden riesige Geldmengen in die Raumfahrt investiert. Ich bin allerdings nicht überzeugt, daß wir Menschen zum *Mond* hätten schicken dürfen, ehe wir nicht unseren gottgegebenen Auftrag erfüllt haben, die *Erde* zu füllen und sie uns untertan zu machen.

* * *

Was können speziell Christen zur Umweltdebatte beitragen? Wir glauben, daß Gott die Erde erschuf und sie dem Menschen anvertraut hat. Eines Tages, wenn er »den neuen Himmel und die neue Erde« schafft, wird er sie ganz neu machen. Denn »die ganze Schöpfung seufzt bis zu diesem Augenblick wie in Geburtswehen«. Sie seufzt, weil sie »der Vergänglichkeit preisgegeben« und darum auch »frustriert« ist. Zum Schluß wird sie jedoch an der

»herrlichen Freiheit der Kinder Gottes« teilhaben. Das heißt: Ihre Knechtschaft wird der Freiheit, ihre Vergänglichkeit der Herrlichkeit und ihr Schmerz der Freude weichen müssen, sobald die neue Erde geboren wird (Rö. 8,19-22 nach der engl. New International Version). Diese beiden Lehren vom Anfang und vom Ende der Geschichte, von der Schöpfung und von der Vollendung aller Dinge, wirken sich sehr stark auf unsere Betrachtungsweise aus. Ihretwegen haben wir sowohl vor der Erde als auch vor der ganzen materiellen Schöpfung Ehrfurcht, denn Gott hat beide erschaffen und wird sie auch neu machen.

Folglich lernen wir, was es heißt, umweltfreundlich zu denken und zu handeln. Wo wir verschwenderisch waren, die Umwelt verschmutzt oder mutwillig Zerstörung angerichtet haben, tun wir darüber Buße. Wir erkennen, daß es dem Menschen leichter fällt, sich die Erde untertan zu machen, als sich selbst zu beherrschen. In diesem Zusammenhang ist Ronald Higgins' Buch *Der siebente Feind* von Bedeutung. Die ersten sechs »Feinde« sind die Bevölkerungsexplosion, der Hunger, der Rohstoffmangel, die Umweltzerstörung, der Mißbrauch der Atomkraft und »die wachsende Neigung der Naturwissenschaften und der Technologie, sich der menschlichen Kontrolle zu entziehen«. Der siebente Feind ist jedoch der Mensch selber: die Blindheit der Regierten und die Trägheit der Regierungen angesichts der heutigen Umweltprobleme. Darum trägt die englische Ausgabe von Higgins' Buch den Untertitel: »Die globale Krise und der Faktor Mensch«. Der Mensch, so Higgins, braucht ein neues Selbstbewußtsein, eine frische Schau und ein Wiedererwachen seiner sittlichen und religiösen Fähigkeiten.[21] Ist das denn möglich? Doch, wir Christen sind fest davon überzeugt. Es ist ein besonderes Verdienst Professor Klaus Bockmühls, daß er in seinem Heft *Umweltschmutz - Lebenserhaltung* über »christliche Maßstäbe« für den verantwortlichen Umgang mit der Umwelt hinaus auch »christliche Motive« bespricht. Abschließend mahnt er uns: »Was man bei Christen sucht, ist die Motivation für Selbstlosigkeit und Hilfeleistung, die einmal das christliche Erbe auszeichnete ... Wir sollen Pioniere sein im Kampf um die Versorgung der Menschheit; wir sollen zeigen, woher Kraft und Perspektive für einen solchen Einsatz herkommen können. Es wird das Vorbild von uns gefordert.« Wir sind aufgefordert, »die im Evangelium liegenden Wurzeln der Ethik« neu zu »aktivieren«.[22]

Die Umweltkrise wurzelt in der Habgier des Menschen. Man

hat schon von »wirtschaftlichem Gewinn durch ökologischen Verlust« gesprochen. Es ist oft eine Frage konkurrierender kommerzieller Interessen, obwohl einige multinationale Unternehmen inzwischen über eine Abteilung für Umweltfragen verfügen. Es ist nur logisch, daß die Mehrkosten, die bei der Errichtung umweltfreundlicher Produktionsstätten entstehen, vom Verbraucher getragen werden müssen, und zwar entweder in Form einer Preissteigerung oder, sofern die Regierung den Betrieb subventioniert, durch eine Steuererhöhung. Wenn das der Preis eines verantwortungsbewußten Umgangs mit der Umwelt ist, sollten Christen nicht darüber murren.

Die Auseinandersetzung um die Grenzen des Wachstums geht weiter, doch sollten wir Christen nicht aufhören, die offensichtliche Tatsache zu bezeugen, daß die Rohstoffreserven dieser Erde nicht unbegrenzt sind. Vor zehn Jahren schrieb Dr. John Klotz: »Der Wissenschaft wird es nicht gelingen, den Lebensstandard der ganzen Welt dem des Westens anzugleichen.«[23] Vielleicht wird das mit Hilfe des Silizium-Chips eher möglich sein. Aber solange diese tiefe Kluft zwischen Reich und Arm besteht, wird der Christ ein unruhiges Gewissen haben. Wir sollten uns sehr darum bemühen, jegliche Verschwendung zu unterbinden, und zwar nicht nur aus Solidarität mit den Armen, sondern auch aus Ehrfurcht vor der lebenden Umwelt.

Anmerkungen:

1 E. F. Schumacher, *Small is Beautiful. Die Rückkehr zum menschlichen Maß*, Reinbek bei Hamburg 1977, S. 12-17.

2 *Futures*, vol. V, Nr. 1 (Februar 1973).

3 Gerhard von Rad, *Das erste Buch Mose, Genesis, übersetzt und erklärt*, ATD Bd. 2-4, 7. Auflage, Göttingen 1964, S.46.

4 Tom Dale und Veron Gill Carter, *Topsoil and Civilisation* (1955), zit. bei Schumacher, *Small ist Beautiful*, S. 93.

5 Martin Hengel, *Eigentum und Reichtum in der frühen Kirche. Aspekte einer frühchristlichen Sozialgeschichte*, Stuttgart 1973, S. 32.

6 Papst Johannes Paul II., Enzyklika *Laborem exercens*, Bonn 1981, S. 32.

7 Ron Elsdon *Bent World*, 1981.

8 Diese Fakten und Zahlen sind verschiedenen Quellen entnommen, darunter: Hugh Montefiore, *The Question Mark*, 1969; ferner John W. Klotz, *Ecology Crisis*, 1972.

9 Rowland Moss, *The Earth in Our Hands*, 1982.

10 *Man In His Living Environment*. Ein Bericht des Board of Social Responsibility, 1970.

11 Gavin Maxwells Artikel erschien am 13.10.1963 im *Observer*.

12 C. F. D. Moule, *Man and Nature in the New Testament*, 1964.

13 Dt. abgedruckt bei: Francis A. Schaeffer, *Das programmierte Ende. Umweltschutz aus christlicher Sicht*, 2. Auflage, Wuppertal/Genf 1975, S. 71-88.

14 Ian L. McHarg, *Design with Nature*, 1969.

15 Ibid.

16 Diese Auszüge aus Ian McHargs Dunning Trust- Vorlesungen wurden im *Ontario Naturalist* (März 1973) wiedergegeben.

17 Barbara Ward und Rene Dubos, *Only One Earth*, 1972.

18 Op cit.

19 Op cit.

20 *Man In His Living Environment.*

21 Ronald Higgins, *Der siebente Feind*, Wien/Hamburg 1979.

22 Klaus Bockmühl, *Umweltschutz – Lebenserhaltung. Vom Umgang mit Gottes Schöpfung*, Gießen 1975, S. 49-50.

23 Ronald Higgins, ibid.

3. Die wirtschaftliche Ungleichheit von Nord und Süd

Von der Notwendigkeit einer »neuen internationalen Wirtschaftsordnung« war zum ersten Mal vor etwas mehr als zehn Jahren die Rede. Der Gedanke wurde 1973 in Algier bei einem Treffen der blockfreien Staaten formuliert. Aber bereits 1964, neun Jahre früher also, bildete sich während der ersten UN-Konferenz für Handel und Entwicklung (UNCTAD) die »Gruppe der 77« (zu der heute mehr als 100 Mitglieder gehören), mit deren Hilfe die Entwicklungsländer ihre wirtschaftlichen Interessen gemeinsam zu vertreten suchten. Doch wurde die Forderung nach einer neuen Weltwirtschaftsordnung bzw. nach einer Umstrukturierung der Weltwirtschaft zugunsten der Entwicklungsländer in Algier energischer erhoben als je zuvor. Kurz vorher hatten die OPEC-Länder den Ölpreis um das Vierfache angehoben; jetzt ließen auch die Länder der Dritten Welt ihre Muskeln spielen. Länder, die erst vor kurzem die *politische* Unabhängigkeit erlangt hatten, waren entschlossen, jetzt auch ihre *wirtschaftliche* Unabhängigkeit zu erkämpfen.

Zur Freude vieler Staaten, aber zum Verdruß einiger anderer, wurde die Forderung nach einer neuen internationalen Wirtschaftsordnung im darauffolgenden Jahr von der Generalversammlung der Vereinten Nationen bekräftigt. Einige Monate später veröffentlichte die UNO eine »Charta der wirtschaftlichen Rechte und Pflichten der Staaten«, in der bestätigt wurde, daß die Forderungen der Vertreter einer neuen Weltwirtschaftsordung rechtens seien. Im einzelnen verlangte man u. a. mehr unmittelbare Entwicklungshilfe, günstigere Kreditbedingungen, das Recht, multinationale Unternehmen zu kontrollieren und ggf. zu verstaatlichen, den Abbau von Handelsbarrieren zwecks Schaffung günstigerer Handelsbedingungen und eine angemessene Vertretung der Länder der Dritten Welt in wichtigen internationalen Gremien wie der IWF. Bei Versuchen, diese Forderungen zu verwirklichen, wurden allerdings kaum Fortschritte erzielt. Der Ruf nach günstigeren Kreditbedingungen, nach mehr Entwicklungshilfe, mehr Handel und mehr Macht sowie nach einer größeren Stabilität der Rohstoffpreise wurde zwar bei den nächsten beiden Welthandelskonferenzen (1976 in Nairobi und 1979 in Manila) wiederholt, doch waren die Delegierten aus der Dritten Welt darüber enttäuscht, daß bis dahin kaum etwas erreicht worden war. Dann, im Jahre 1980, an der Schwelle der dritten Entwicklungsdekade, erschien der Bericht der Nord-Süd-Kommission unter dem Titel *Das Überleben sichern: der Brandt-Report.*

Die Berichte der Nord-Süd-Kommission

Der Brandt-Report ist in jedem Falle ein bemerkenswertes Buch. Selbst seine Kritiker, auf die wir noch zu sprechen kommen, geben zu, daß es eine großartige Leistung war, in zweijähriger Arbeit einen Bericht zu erstellen, in dem 18 führende, unabhängige Persönlichkeiten aus fünf Kontinenten und mit unterschiedlicher politischer Überzeugung miteinander übereinstimmten. Bewundert wurde ebenfalls, daß die Verfasser den Mut besaßen, die Weltöffentlichkeit auf die Notwendigkeit weltweiter, radikaler Aktion aufmerksam zu machen, und daß sie diese Herausforderung mit einer ungewöhnlichen Kombination von Vernunft und Leidenschaft schilderten. In seiner persönlichen Einleitung bezeichnet der ehemalige Bundeskanzler Willy Brandt »die Neugestaltung der Nord-Süd-Beziehungen« als »die größte Herausforderung an die Menschheit für den Rest dieses Jahrhunderts«. Er bringt seine Überzeugung zum Ausdruck, »daß die beiden vor uns liegenden Jahrzehnte für die Menschheit von schicksalhafter Bedeutung sein werden.«[1]

Es wäre unmöglich, diesem breitgefächerten, über 300 Seiten umfassenden Bericht in zwei oder drei Absätzen gerecht zu werden. Seinen Hintergrund, seine Hauptideen und seine wichtigsten Argumente möchte ich hier nur ganz kurz skizzieren. »Sitz im Leben« des Berichts ist eine Welt, deren Bevölkerung bis zum Jahre 2000 auf sechs Milliarden Menschen angewachsen sein wird und in der »neun Zehntel dieses Zuwachses . . .auf die Dritte Welt entfallen« werden.[2] Während der ersten beiden Entwicklungsdekaden konnten zwar, was das Wirtschaftswachstum der Dritten Welt und die Bekämpfung von Seuchen, Kindersterblichkeit und Analphabetentum angeht, einige Erfolge verbucht werden, es gibt aber trotzdem 800 Millionen absolut Arme auf der Welt. Der Nord-Süd-Kommission zufolge bedeutet das, daß »fast 40 Prozent der Menschen im Süden nur eben überleben.«[3] – »Der Norden einschließlich Osteuropas umfaßt ein Viertel der Weltbevölkerung und verfügt über vier Fünftel des Welteinkommens; im Süden einschließlich Chinas leben drei Milliarden Menschen – drei Viertel der Weltbevölkerung – von nur einem Fünftel des Welteinkommens.« »Im Norden liegen mehr als 90% der Verarbeitenden Industrie der Welt.«[4] Alle zwei Sekunden verhungert ein Kind oder stirbt an einer Krankheit.[5] Daß wir uns mit dieser grundlegenden Statistik vertraut machen, ist äußerst wichtig, denn unser christliches Nachdenken muß in der Wirklichkeit gründen.

Die Kommission hielt es für ihre Aufgabe, »internationale Entwicklungsfragen« zu erörtern. Deshalb sollten wir unbedingt erkennen, was hier mit »Entwicklung« gemeint ist. Im Bericht selbst wird unterstrichen, daß »das eigentliche Ziel der Entwicklung eines Landes in dessen Selbsterfüllung und schöpferischer Partnerschaft liegt. Seine produktiven Möglichkeiten und sein menschliches Potential können nur dann zur Erfüllung kommen.«[6]

Es dürfte uns nicht schwerfallen, damit einverstanden zu sein. Mit »Entwicklung« im eigentlichen Sinne ist weit mehr gemeint als eine humanitäre Hilfsaktion oder als die Zahlung von Entwicklungshilfe. Hilfsaktionen sind natürlich in Notsituationen immer noch notwendig. Auch Geldzahlungen erweisen sich oft als erforderlich, um den Entwicklungsprozeß in Gang zu bringen, obwohl sie, wenn sie auf gönnerhafte Weise vorgenommen werden, die Empfänger erniedrigen und deren Abhängigkeit vom Geberland eher verstärken als verringern. Andererseits wird die Abhängigkeit durch Entwicklung nicht verstärkt; im Gegenteil, die Entwicklung zielt darauf ab, die Abhängigkeit zu beenden. Echte Entwicklung umfaßt also weit mehr als nur Wirtschaftswachstum; sie betrifft auch solche Bereiche menschlicher Erfahrung, die für uns Christen von großem Interesse sind. Darum wurde bei der »Wheaton '83«-Konferenz der World Evangelical Fellowship nicht von »Entwicklung«, sondern von »Umwandlung« (transformation) gesprochen, denn der Wandel, den wir als Christen anstreben, umfaßt sowohl einzelne Menschen als auch ganze Gemeinschaften, sowohl die materiellen als auch die geistlichen Sphären menschlicher Existenz. Der Bericht der Nord-Süd-Kommission setzte, im Prinzip zumindest, die gleichen Akzente. »Entwicklung ist ... mehr als der Übergang von Arm zu Reich, von der traditionellen Agrarwirtschaft zu einer komplexen Stadtgemeinschaft. Sie trägt in sich nicht nur die Idee des materiellen Wohlstands, sondern auch die von mehr menschlicher Würde, der Sicherheit, Gerechtigkeit und Gleichheit.«[7]

In Verfolgung dieses Entwicklungszieles forderte die Kommission »kühne Vorstöße« und »tiefgreifende Veränderungen ... in internationalen Handelsbeziehungen«. Ihr Sofortprogramm 1980-1985, das ich hier nur in äußerst knapper Form wiedergeben kann, sah wie folgt aus:

I Ein umfangreicher Transfer von Mitteln in Entwicklungsländer;

II eine internationale Energiestrategie;

III ein weltumspannendes Nahrungsmittelprogramm;

IV die Inangriffnahme größerer Reformen des Weltwirtschaftssystems. Zu diesen Reformen zählten u. a.: die Schaffung einer neuen Finanzierungsinstitution; eine größere Beteiligung der Dritten Welt an bereits bestehenden internationalen Wirtschaftsgremien; die Stabilisierung von Währungen und Rohstoffpreisen; ein vermehrter Zugang der Entwicklungsländer zu den Weltmärkten bei gleichzeitig günstigeren Handelsbedingungen; eine verstärkte Überwachung multinationaler Unternehmen.[8]

Wie kam es, daß die Kommissionsmitglieder annahmen, die Länder des Nordens könnten überzeugt werden, ihre Ressourcen, ihr Know-how und ihre Macht in so großem Umfang mit den Entwicklungsländern zu teilen? Nun, sie erwähnten jedenfalls die »menschliche Solidarität« und »die Verpflichtung zu internationaler sozialer Gerechtigkeit«.[9] Darauf legten sie jedoch nicht den Schwerpunkt. Statt dessen habe »eben das Prinzip des gemeinsamen Interesses« im Mittelpunkt ihrer Diskussionen gestanden.[10] Das heißt: »Nord und Süd hängen in *einer* Weltwirtschaft voneinander ab.« Und »jetzt, da sich der Norden wie der Süden in wachsendem Maße ihrer gegenseitigen Abhängigkeit bewußt werden, müssen sie ihren Dialog zur Erreichung bestimmter Ziele mit neuem Leben erfüllen, das mehr dem Geist der Partnerschaft und des wechselseitigen Interesses entspricht, als dem der Ungleichheit und der Wohltätigkeit.«[11]

Kritiker haben die offenkundige Aufrichtigkeit der Kommissionsmitglieder nicht in Frage zu stellen gewagt, aber den Bericht selbst haben sie zuweilen als »visionär« und »romantisch« bezeichnet, da er der Selbstsucht des Menschen ihrer Meinung nach nicht Rechnung trage. Auf politischer Ebene wurde das Fehlen eines russischen Kommissionsmitglieds bemängelt. (Man müsse statt von einem Nord-Süd- eher von einem West-Süd-Dialog sprechen, hieß es.) Auf wirtschaftlicher Ebene sei im Bericht die Umverteilung von Reichtum über Gebühr betont worden, ohne daß man sich mit der Schaffung von Reichtum, die einer solchen Umverteilung vorausgehen müsse, überhaupt befaßt habe.

In seinen 1980er Londoner Vorlesungen, die unter dem Titel *Morality and the Market Place* veröffentlicht wurden, bringt Professor Brian Griffiths eine noch grundlegendere Kritik vor, die ich bereits in Kapitel 4 erwähnt habe. Griffiths ist ein sehr widerwilliger Kritiker, denn es macht auch ihm sehr zu schaffen, daß »Hunderte von Millionen unserer Mitmenschen, die wie wir im Ebenbild Gottes geschaffen worden sind, ...in einem Zustand entsetzlicher Verarmung leben müssen.«[12] Aber er kann weder die Analyse noch die Lösungsvorschläge der Kommission akzeptieren, obwohl auch er gewiß für einen Abbau des Protektionismus eintreten würde. Seine Hauptkritik gilt den Unterlassungen der Kommission. Weshalb gerieten die Kommissionsmitglieder in die Falle, nur ganz allgemein vom »Süden« oder von der »Dritten Welt« zu sprechen? Warum haben sie sich nicht mit der peinlichen Frage befaßt, weshalb einige Länder in der Dritten Welt sich viel rascher entwikkeln als andere? Das unterschiedliche Tempo ist nicht einzig und allein aus der ungleichen Verteilung der vorhandenen natürlichen Ressourcen zu erklären. Es gibt einen tieferen Grund. Die Ursachen der Armut in der Dritten Welt sind, so Brian Griffiths, von den Menschen, die dort leben, und deren politischem, wirtschaftlichem und kulturellem Verhalten nicht zu trennen. Zu den politischen Faktoren zählen Mißwirtschaft, die Ausweisung ethnischer Minderheiten, unnötige Geldausgaben und Korruption unter Regierungen und Regierungschefs. Auch das wirtschaftliche System, das sie wählen und durchsetzen, spielt eine Rolle. Aber noch wichtiger ist der kulturelle Faktor, d.h. die Art, wie sich der kulturelle Hintergrund eines Menschen auf seine Motive, seine Gedanken, seine Aspirationen und seine Handlungsweise auswirkt.

Die Nord-Süd-Kommission hat den kulturellen Faktor nicht gänzlich außer acht gelassen. Ich frage mich, ob Brian Griffiths folgende Aussage der Kommission vielleicht übersehen hat:

> »Die Pläne zur wirtschaftlichen und sozialen Verbesserung menschlicher Lebensbedingungen mögen noch so klug ausgedacht sein, sie werden wenig bewirken, wenn nicht gleichzeitig – im Norden wie im Süden – um die Befreiung der Menschen von überholten Vorstellungen, von der Fessel falsch verstandener Nationalinteressen, von den überkommenen Leidenschaften

und Vorurteilen gekämpft wird. Eine neue internationale Wirtschaftsordnung wird Männer und Frauen mit einer neuen Mentalität und weiterreichendem Blick brauchen, um zu funktionieren – einen Entwicklungsprozeß, in dem sie alle ihre Fähigkeiten voll entfalten.«[13]

Das sind gute und notwendige Gedanken, auch wenn sie ein wenig vage und allgemein gehalten sind. Aber zu Recht nimmt Brian Griffiths Anstoß an folgender Behauptung Willy Brandts, die er stellvertretend für die ganze Kommission aufstellte: »Wir gehen davon aus, daß alle Kulturen gleichermaßen Respekt, Schutz und Förderung verdienen.«[14] Dazu meint Griffiths: »Alle Kulturen verdienen zwar Respekt, aber nicht alle verdienen gleichermaßen Schutz und Förderung.« Im Gegenteil, wie können wir Kulturen schützen und fördern, die, da sie den Geist des Fatalismus und der Apathie vermitteln, der Entwicklung hinderlich sind? »Wollen wir dem Ursprung der Armut in den Ländern der Dritten Welt wirklich auf den Grund kommen«, fährt Griffiths fort, »dann müssen wir die Kulturen verschiedener Länder unter die Lupe nehmen und einige grundsätzliche Fragen stellen. Wie kommt es, daß die Menschen in einigen Gesellschaften bestimmte Ansichten über die physikalische Welt und über die Bedeutung der Arbeit vertreten und ein Bedürfnis nach Selbstdisziplin haben, während diese Elemente in anderen Kulturkreisen fehlen? Anhand rein wirtschaftlicher Kriterien kann man diese Fragen meines Erachtens nicht beantworten. An dieser Stelle braucht die Wirtschaftsanalyse eine religiöse Dimension ... Eine Kultur verdient in dem Maße besonderen Schutz und Förderung, wie sich in ihr jüdisch-christliche Wertmaßstäbe widerspiegeln.«[15]

Brian Griffiths hat also an den Empfehlungen der Nord-Süd-Kommission hauptsächlich auszusetzen, daß sie »recht utopisch klingen. Sie berücksichtigen kaum die geistlichen Wurzeln unserer wirtschaftlichen Probleme. Die Beziehung zwischen wirtschaftlichen Strukturen und der Wirtschaftsphilosophie lassen sie gänzlich außer acht ... Kulturen bringen Werte zum Ausdruck. Diese geben Institutionen ihre Gestalt und motivieren die Menschen. Einige sind dem Wohlstand, der Gerechtigkeit und der Freiheit förderlich, andere wiederum nicht.«[16]

Die Londoner Vorlesung über zeitgemäßes Christentum für das Jahr 1981, also ein Jahr nach Brian Griffiths' Ausführungen, wurden in Gestalt eines Symposions gehalten und unter dem Titel *The Year 2000 AD* veröffentlicht. Einer der Beiträge, der den Titel

North and South: The Economic Debate trug, wurde von Donald Hay von der Oxford University verfaßt.[17] In seinem Aufsatz beschäftigt sich Hay in der Hauptsache mit dem Bericht der Nord-Süd-Kommission. Er zeigt auf, wie die Kommission versucht hat, den Norden zum Handeln zu bewegen. Einerseits werde »mit dem Weltuntergang argumentiert«: Ohne ein solches Handeln seien ein neuer Weltkrieg, eine ökologische Katastrophe oder der wirtschaftliche Zusammenbruch unvermeidbar. Andererseits würden »wechselseitige wirtschaftliche Interessen« als Argument herangezogen. Nach Ansicht Hays sind diese Argumente jedoch weder überzeugend noch im eigentlichen Sinne des Wortes christlich. Er möchte sie mit dem »moralischen Argument des Christentums« ersetzen, das sich auf Gerechtigkeit statt Mitleid stützt. Das primäre christliche Prinzip der Gerechtigkeit müsse insbesondere auf den Zugang zu den verfügbaren Hilfsquellen angewendet werden.[18] Zu diesen Hilfsquellen zählt Hay Bildung, Technik, Land und Kultur, »die auf Hoffnung statt auf Verzweiflung hinsichtlich der Möglichkeiten wirtschaftlicher Entwicklung aufbaut«. [19] Im Gegensatz hierzu habe der Norden bisher »seine Macht ausgenutzt, um sich aus seinen wirtschaftlichen Beziehungen zum Süden Vorteile zu verschaffen«.[20]

Aller Kritik zum Trotz weckte die Herausgabe des *Brandt-Reports* bei vielen die Hoffnung, daß endlich irgend etwas unternommen werden könnte, um das wirtschaftliche Ungleichgewicht von Nord und Süd zu überwinden. Speziell machte die Kommission folgenden Vorschlag: »Der Prozeß kann durch einen begrenzten Gipfel von Regierungschefs aus Nord und Süd, mit erhoffter Teilnahme des Ostens und Chinas vorbereitet und in Gang gesetzt werden.«[21] Als unmittelbare Folge dieses Vorschlags fand im Oktober 1981 ein Gipfeltreffen von 22 führenden Politikern in Cancun, Mexiko, statt. Leider erwies sich dieser Gipfel jedoch als zu groß (jeder Politiker brachte ein Team von Beratern mit) und als zu unbeweglich (einer der beiden angesetzten Tage wurde allein mit dem Verlesen vorbereiteter Reden zugebracht). Und ehe der Gipfel überhaupt begann, hielt Präsident Reagan ein »prophylaktische« Rede, in der er hervorhob, daß die Probleme der Dritten Welt nicht durch Entwicklungshilfe, sondern durch den »Zauber des Marktes« gelöst werden müßten. Er erklärte zudem, daß der Gipfel ganz und gar informell sei und nicht die Absicht habe, irgendwelche Beschlüsse zu fassen. Die Auswirkungen dieses Treffens sind minimal gewesen. Anscheinend sind die Staaten des Nordens zu sehr mit ihren eigenen wirtschaftlichen Problemen beschäftigt.

Also gab die Nord-Süd-Kommission 1983 ihren zweiten Bericht heraus, eine Denkschrift mit dem Titel *Hilfe in der Weltkrise: Ein Sofortprogramm.*[22] Willy Brandts leidenschaftliches Engagement zeigt sich in seiner Einleitung noch deutlicher als im ersten Bericht. Seit der Veröffentlichung des *Brandt-Reports* seien drei Jahre vergangen, schreibt er. Mittlerweile hätten sich einige der schlimmsten Befürchtungen der Kommission bestätigt. Die Aussichten auf einen wirtschaftlichen Aufschwung seien rasch zurückgegangen. Ein weiterer Rückgang könne »in ganzen Gesellschaften zu Auflösungserscheinungen und in weiten Teilen der Welt zu anarchischen Zuständen führen«. Das Gipfeltreffen von Cancun habe den Erwartungen der Kommissionsmitglieder nicht entsprochen. Es gebe keine Anzeichen für eine weltweite Kooperation. Darum hätten Willy Brandt und seine Kollegen es für nötig befunden, »eine dringliche und auf den neuesten Stand gebrachte Version unseres ursprünglichen Sofortprogramms«[23] zu veröffentlichen, denn sie hofften, den Stillstand überwinden und einen wirtschaftlichen Zusammenbruch abwenden zu können.

Ihre Vorschläge faßte die Kommission unter fünf Überschriften zusammen:

I Finanzierung (Um einen Aufschwung herbeizuführen, müsse mehr Geld zur Verfügung gestellt werden.)

II Handel (Der Welthandel müsse durch Widerstand gegen protektionistische Maßnahmen intensiviert werden.)

III Ernährung (Die landwirtschaftliche Nahrungsmittelproduktion müsse erhöht werden, um mehr Staaten zu Selbstversorgern zu machen.)

IV Energie (Es müsse mit dem Ziel, die Energieproduktion zu erhöhen, eine neue internationale Energiebehörde geschaffen werden.)

V Verhandlungen (Der Verhandlungsprozeß zwischen Nord und Süd müsse verbessert werden.)

Meines Erachtens werden in *Hilfe in der Weltkrise* keine Vorschläge von wesentlicher Bedeutung unterbreitet, die nicht bereits im *Brandt-Report* enthalten waren. Es handelt sich um die gleiche Medizin, wenn auch die Mischung vielleicht etwas stärker und der Appell der Ärzte sicherlich dringender ausgefallen sind.

Da ich kein Wirtschaftswissenschaftler bin, fehlt mir das Fachwissen, das nötig wäre, wenn ich mich zur Gestaltung einer »neuen internationalen Wirtschaftsordnung« äußern oder wenn ich die spezifischen Vorschläge der Nord-Süd-Kommission im Bericht von 1980 oder in ihrer Denkschrift aus dem Jahre 1983 kritisch beurteilen wollte. Wozu ich mich jedoch in der Lage fühle, ist, die Vorstellung von einer weltweiten Wirtschaftskooperation zu unterstützen und einige Gedanken aus der Bibel als Rechtfertigung dafür zu bieten, daß ich eine solche Kooperation weiterhin für erstrebenswert halte. Wiederum müssen wir darum ringen, die Prinzipien, um die es hier geht, zu klären, während wir im einzelnen die Gestaltung der notwendigen politischen Entscheidungen denen überlassen, die über die nötige Ausbildung, das nötige Wissen und den nötigen Einfluß verfügen. Meines Erachtens sind hier zwei biblische Prinzipien von grundlegender Bedeutung.

Das Prinzip der Einheit

Da ist zunächst das Prinzip der Einheit. Unser Planet ist eine Einheit, ebenso die menschliche Rasse. Nach Meinung einiger Beobachter war es Buckminster Fuller, der berühmte Erfinder der geodätischen Kuppel, der als erster den Ausdruck »Raumschiff Erde« verwendete. Andere schreiben diese originelle Bezeichnung Botschafter Adlai Stevenson zu. Es ist jedenfalls richtig, daß Stevenson am 09. Juni 1965 während seiner letzten Rede vor dem Wirtschafts- und Sozialrat in Genf die Erde als »kleines Raumschiff« bezeichnete, auf der wir alle zusammen reisen, »abhängig von ihren erschöpfbaren Vorräten an Luft und Boden«. Dieses Thema griff im darauffolgenden Jahr Wirtschaftswissenschaftlerin Barbara Ward in ihrem Buch *Spaceship Earth* auf, und einige Jahre später schmückte sie es zusammen mit Rene Dubos in ihrem Buch *Only One Earth*[24] aus. Dieses Buch, das 1972 zur Vorbereitung der UNO-Konferenz »Der Mensch und seine Umwelt« erschien, trägt den Untertitel »Pflege und Erhaltung eines kleinen Planeten« und befaßt sich mit der Frage, wie die wachsende Weltbevölkerung so mit den begrenzten Rohstoffreserven haushalten kann, daß diese zum gemeinsamen Wohl aller weder ausgebeutet noch vergeudet noch vernichtet werden. Das letzte Kapitel, »Überlebensstrategien«, endet mit einer Anmerkung, die recht traurig stimmt. Die Regierungen legten zum Konzept der globalen Interdependenz ein Lippenbekenntnis ab, als sie eine ganze Reihe von UN-Organisationen einrichteten, um weltweite Strategien zu entwickeln. Hinter diesen internationalen Organisationen steht jedoch »kein Gefühl der globalen Gemeinschaft und der gegenseitigen Verpflichtung ... Unser Planet ist noch nicht für die gesamte Menschheit zu einem Zentrum rationaler Treue geworden.« Eine derartige Verlagerung der Loyalität ist allerdings denkbar und könnte durchaus durch »ein profundes und sich vertiefendes Empfinden für unsere gemeinsame, interdependente Biosphäre« hervorgerufen werden. Schließlich hat die menschliche Rasse stets ihre Treueverpflichtung ausgeweitet: »von der Familie zur Sippe, von der Sippe zur Nation, von der Nation zur Föderation«. Warum sollte sie also nicht den letzten logischen Schritt tun? »Vielleicht dürfen wir heute in der menschlichen Gesellschaft darauf hoffen, in all unserer hochgeschätzten Vielfalt zu überleben – vorausgesetzt, daß wir gegenüber unserem einzigen, schönen, aber sehr verwundbaren Planeten Erde eine endgültige Treue aufbringen.«[25]

Es handelt sich hier um eine klare, biblische Schau. »Die Erde ist des Herrn und was darinnen ist, der Erdkreis und die darauf wohnen« (Ps. 24,1). Diesen Vers habe ich bereits bei unserer Besprechung der Umweltproblematik angeführt: Die Erde gehört Gott. Jetzt nehmen wir zur Kenntnis, daß auch die Menschen, die darauf wohnen, ihm gehören. Denn Gott hat eine einzige menschliche Rasse erschaffen und ihr den Planeten Erde als einen einzigen Lebensraum gegeben. Wir sind *eine* Rasse und wohnen auf *einem* Planeten. Zudem sind diese beiden Einheiten, Planet und Rasse, eng miteinander verbunden. Denn Gott sagte: »Seid fruchtbar und mehret euch und füllet die Erde und machet sie euch untertan« (Gen. 1,28). Die eine Menschheit sollte also die eine Erde bevölkern und bezähmen und sich ihre Ressourcen dienstbar machen. Am Anfang der Bibel gibt es keinen Hinweis auf eine Zerteilung der Erde oder auf die Rivalitäten der verschiedenen Nationen. Nein, die ganze Erde sollte von der gesamten Menschheit zum gemeinsamen Wohl aller entwickelt werden. Alle Menschen sollten die von Gott gegebenen Reichtümer der Erde miteinander teilen. Dieses Prinzip der »ausgleichenden Gerechtigkeit« ist heute noch in Kraft.

Dieser Vorsatz Gottes wurde jedoch durch das Aufkommen miteinander wetteifernder Nationen vereitelt. Diese Nationen haben die Erdoberfläche unter sich aufgeteilt und wachen jetzt mit Eifersucht über ihren jeweiligen Anteil an den Vorkommen von Mineralien und fossilen Brennstoffen. Die Bibel, ein sehr wirklichkeitsnahes Buch, erkennt die Existenz der Nationen an und weist darauf hin, daß ihre Geschichte und die Entwicklung ihrer Landesgrenzen letztlich unter Gottes souveräner Kontrolle stand. Sie begrüßt die kulturelle Vielfalt, wenn auch nicht alle kulturellen Praktiken, die diese Nationen hervorgebracht haben, und warnt uns, daß sich bis zuletzt ein Volk gegen das andere erheben wird. Diese nationalen Rivalitäten bejaht die Bibel jedoch nicht. Im Gegenteil, sie läßt uns wissen, daß die Vielzahl der untereinander verfeindeten Nationen mit ihren unterschiedlichen Sprachen durch ein göttliches Gericht über den Ungehorsam und den Stolz der Menschen entstand (Gen. 11). Zu den Hauptzielen der Erlösung gehört nach der Bibel die Überwindung der Feindseligkeiten, die die Völker voneinander trennen. Die Menschheit soll in Christus neu vereint werden. Darum versprach Gott sofort nach der Begebenheit mit dem Turmbau zu Babel, daß er alle Völker auf Erden durch die Nachkommen Abrahams segnen würde (Gen. 12,1-3). Durch die Propheten sagte er voraus (so z.B. Jes. 2,2), daß eines Tages alle Nationen nach Jerusalem »strömen« würden. Der auferstandene Jesus befahl seinen Jüngern, hinzugehen und alle Völker zu Jüngern zu machen (Matth. 28,19). Der Heilige Geist fiel auf »alles Fleisch«, denn die 19 Volksgruppen, die Lukas erwähnt, stehen stellvertretend für die ganze Welt (Apg. 2,5-11.17). Nach Paulus bewirkte Jesus durch sein Leiden am Kreuz, daß der Zaun der Feindschaft zwischen Juden und Heiden abgebrochen und »*ein* neuer Mensch« bzw. eine einzige Menschheit ins Dasein gerufen wurde (Eph. 2,14+15). Als Johannes in seiner Vision die Erlösten vor dem Thron Gottes sah, erkannte er »eine große Schar, die niemand zählen konnte, aus allen Nationen und Stämmen und Völkern und Sprachen« (Offb. 7,9). Es wäre unmöglich, diesen internationalistischen Faden, der sich durch die ganze biblische Offenbarung zieht, zu übersehen.

Unserer Verantwortung gegenüber den Armen dieser Welt können wir also nicht mit dem Argument ausweichen, sie gehörten zu anderen Völkern und gingen uns nichts an. Im allgemeinen weisen wir Engländer eine besonders unangenehme Art von Nationalstolz auf. Wenn wir auf dem europäischen Festland reisen, überrascht es uns, daß andere nicht unsere Sprache sprechen. Wir ärgern uns darüber, wenn sie von uns erwarten, die ihre zu lernen. Wir haben ebenfalls die abscheuliche Gewohnheit, Ausländer mit verächtlichen Bezeichnungen zu belegen. Wenn wir jemanden als jenseits aller Achtung abstempeln wollen, nennen wir ihn einfach einen »Neger«, »Hunnen« (Deutschen), »Makkaronifresser«, »Froschesser« (Franzosen), »Schlitzauge« (Chinesen) oder »Yankee«. Es müßte allerdings selbstverständlich sein, daß Christen über derartige hochnäsige Einstellungen Buße tun sollen. Denn es gibt nur *eine* Welt und sowohl die Ausländer als auch wir sind ihre Bürger. Mit seinem Gleichnis vom barmherzigen Samariter will Jesus vor allen Dingen den Nationalstolz angreifen. Die Nächstenliebe ignoriert rassische und nationale Barrieren, ja, aber hinzu kommt, daß in Jesu Gleichnis ein Samariter für einen Juden tat, was ein Jude nicht einmal im Traum für einen Samariter getan hätte.

Der »Patriotismus« ist gut und richtig, wenn wir damit eine legitime Liebe zu dem Vaterland meinen, dem wir nach Gottes Vorsehung gehören. Aber Sir Alfred Duff Cooper beging einen gravierenden Fehler, als er – m. E. Anfang der 50er Jahre – die Bemerkung machte, daß Vaterlandsliebe so sein sollte wie jegliche wahre Liebe: »blind, leidenschaftlich und voller Vorurteile«. Hoffentlich meinte er diese Aussage ironisch, denn sie beschreibt nicht den »Patriotismus«, sondern den »Nationalismus«, nämlich eine blinde Loyalität gegenüber »meinem Land – ob ich damit recht habe oder nicht«. Es ist der Nationalismus und nicht der Patriotismus, der uns dazu verleitet, eine Handelspolitik zu betreiben, die uns auf Kosten der Entwicklungsländer Vorteile verschafft. Der Nationalismus ist mit der Betrachtungsweise der Bibel und mit dem Sinn Christi unvereinbar. Jeder Christ sollte danach trachten, zu einem engagierten Anhänger des Internationalismus zu werden. Das können wir, indem wir Bücher über andere Länder lesen und diese Länder möglichst besuchen oder indem wir ausländische Gäste in unsere Häuser aufnehmen, eine Zweitsprache erlernen und uns mit Menschen aus anderen Kulturkreisen befreunden. Dadurch werden wir unser eigenes Leben bereichern. So können wir aber auch unsere Entschlossenheit symbolisieren, das biblische Prinzip der Einheit (*ein* Planet, *ein* Volk) auszuleben, eine weltweite Perspektive zu entwickeln und die unvermeidbare Interdependenz aller Menschen anzuerkennen.

Ist eine solche Vorstellung idealistisch? Durch Gottes Gnade können vielleicht Christen zu Anhängern des Internationalismus werden, denn die biblische Schau, nämlich daß die Menschheit eine Einheit ist, ist sehr deutlich. Aber wie können wir dies von Menschen erwarten, die nicht an Jesus Christus glauben? Sind gewählte Regierungen nicht verpflichtet, sich in erster Linie nach ihren nationalen Interessen zu richten? Sonst würden sie nicht wiedergewählt. In seiner hilfreichen Einführung in die Probleme der

Entwicklungshilfe und des Welthandels, *Trade, Justice and the Wealth of Nations*, weist Duncan Monro darauf hin, daß der Ausdruck »Familie der Nationen« zwar nützlich, aber irreführend ist, denn »es gibt im Familienleben eine Harmonie der Interessen, die Nationen nicht teilen können ... Durch die enge Verbindung zwischen ihren Gliedern befähigt die Familie in beträchtlichem Maße zur Selbstaufopferung ... Die Nation ist jedoch zur Liebe unfähig.« Deshalb müßten internationale Beziehungen statt dessen die Gerechtigkeit zur Grundlage haben. Monro fährt jedoch fort: »Aber die Moralphilosophen haben recht, wenn sie sagen, allein aus der Natur ergebe sich für den Menschen keine zwingende Notwendigkeit, sich für gerechtes Handeln zu entscheiden.« Nur das christliche Evangelium könne für die nötige Motivation sorgen.[26]

Duncan Monro hat zweifellos recht, wenn er unsere Aufmerksamkeit auf die Unterschiede zwischen der Kern- oder erweiterten Familie und der Familie der Nationen lenkt. Doch sollten wir diese Unterscheidung nicht allzu bereitwillig hinnehmen. Die Menschen erkennen doch an, daß sie zur weltweiten menschlichen Familie gehören. Auch nach dem Sündenfall haben die Menschen ein angeborenes Empfinden für Erbarmen und Gerechtigkeit, das sich sowohl auf das individuelle wie auf das kollektive Verhalten auswirkt. Im Westen ist man im allgemeinen sehr daran interessiert, den Entwicklungsländern zu helfen und die Armut auszumerzen. Lassen Sie mich wieder Barbara Ward zitieren. In ihrem Buch *Progress for a Small Planet* meinte sie, die heutige Welt befinde sich in einem »unsicheren Interregnum zwischen der Phase des Imperialismus, die möglicherweise ihrem Ende naht, und einer weltweiten Gesellschaft, die darum ringt, geboren zu werden.« Die »wichtigste neue Erkenntnis unseres Jahrhunderts«, behauptete sie, sei die der »unentrinnbaren physischen Interdependenz aller Menschen«.[27] Kann diese Erkenntnis zu einer wirklichen Kooperation führen, die der Menschheit das Überleben ermöglichen wird? Ward lobt die Theorie von einem »globalen Pakt, bei dem gewisse Grundsätze, die die häusliche Gemeinschaft bestimmen und harmonisch machen, auf die weltweite menschliche Gesellschaft anzuwenden wären.«[28] Der Reichtum müsse durch steuerliche Maßnahmen statt durch freiwillige Spendenaktionen umverteilt werden. Könnten wir dieses familiäre Modell nicht tatsächlich auf den ganzen Planeten anwenden? Es wäre ein erster Schritt, wenn die reichen Länder bereit wären, sich zu verpflichten, 0,7 v. H.

ihres BSP, später auf 1. v. H. steigend, an die Dritte Welt abzuführen, und wenn der internationale Reiseverkehr indirekt besteuert würde. Aber 1980 gelang es nur den Niederlanden – wo die staatliche Entwicklungshilfe (ODA) bei 0,99 v. H. lag –, dieses Ziel annähernd zu erreichen. Andere entwickelte Länder blieben weit dahinter zurück, einige haben ihre ODA im Verlauf der letzten zehn Jahre sogar reduziert. Zwischen 1970 und 1980 fiel beispielsweise die ODA Großbritanniens von 0,37 auf 0,34 v. H. zurück, die der Vereinigten Staaten von 0,31 auf 0,27 v. H. [29] Barbara Ward macht geltend, daß wir im eigenen Land bereit sind, Steuern zu entrichten, weil wir *eine Nation* sind; da wir aber *eine Welt* sind, sollten wir nicht ebenfalls bereit sein, eine internationale Steuer abzuführen?

Das Prinzip der Gleichheit

Nach dem ersten biblischen Prinzip, dem der Einheit, wenden wir uns jetzt dem zweiten, dem der Gleichheit, zu. Betrachten wir folgende Unterweisung des Apostels Paulus:

(8) Nicht sage ich das als Befehl; sondern weil andere so eifrig sind, prüfe ich auch eure Liebe, ob sie rechter Art sei.
(9) Denn ihr kennt die Gnade unseres Herrn Jesus Christus: obwohl er reich ist, wurde er doch arm um euretwillen, damit ihr durch seine Armut reich würdet.
(10) Und darin sage ich meine Meinung; denn das ist euch nützlich, die ihr seit vorigem Jahr angefangen habt nicht allein mit dem Tun, sondern auch mit dem Wollen.
(11) Nun aber vollbringt auch das Tun, damit, wie ihr geneigt seid zu wollen, ihr auch geneigt seid zu vollbringen nach dem Maß dessen, was ihr habt.
(12) Denn wenn der gute Wille da ist, so ist er willkommen nach dem, was einer hat, nicht nach dem, was er nicht hat.
(13) Nicht, daß die andern gute Tage haben sollen und ihr Not leidet, sondern *daß es zu einem Ausgleich komme.*
(14) Jetzt helfe euer Überfluß ihrem Mangel ab, damit danach auch ihr Überfluß eurem Mangel abhelfe *und so ein Ausgleich geschehe,*
(15) wie geschrieben steht (2. Mose 16,18): »Wer viel sammelte, hatte keinen Überfluß, und wer wenig sammelte, hatte keinen Mangel.« (2. Kor. 8,8-15)

Die beiden Bezugnahmen auf das Schaffen eines Ausgleichs sind im Text hervorgehoben, damit wir sie nicht übersehen. Doch sollten wir sie im Gesamtkontext dessen sehen, was Paulus bezüglich der Kollekte für die armen judäischen Christen, die er in den griechischen Gemeinden organisierte, zu sagen hat. Zunächst sichert er den Korinthern zu, daß es sich bei dieser Anweisung nicht um einen Befehl, sondern um eine Prüfung handelt; er sucht einen Beweis für die Echtheit ihrer Liebe (Vers 8). Sie sollen also freiwillig spenden. Nicht, daß es ihnen freigestellt ist, ob sie etwas geben wollen oder nicht, denn sie sind verpflichtet, mit ihren notleidenden Geschwistern im Herrn zu teilen. Aber ihre Gabe soll spontan und freiwillig erfolgen als Ausdruck ihrer Liebe zu den Armen und nicht bloß ihres Gehorsams dem Apostel gegenüber.

Durch diesen Gedanken angeregt, kommt Paulus sogleich auf Christus zu sprechen und macht eine erhabene Aussage über dessen freie Gnade (Vers 9). Er gründet seinen diesseitigen Appell zugunsten der Benachteiligten auf die Theologie der Menschwerdung sowie auf die gnädige Entsagung, die die Inkarnation zur Folge hatte. Zweimal erwähnt Paulus das Reichsein, zweimal die Armut. Christus ist reich gewesen, doch wurde er arm. Das war keine sinnlose, asketische Geste, sondern es geschah »um euretwillen«, nämlich damit ihr durch seine Armut reich würdet. Das heißt: *Unserer* Armut wegen sagte er seinem Reichtum ab, damit wir durch *seine* Armut an diesem Reichtum Anteil haben könnten. Diese Entsagung nahm er also auf sich, um einen gewissen Ausgleich zu schaffen. Zudem waren sowohl sein Wunsch, unsere Armut zu beheben, als auch seine Entscheidung, seinem Reichtum zu entsagen, ein Ausdruck seiner »Gnade« (Vers 9), gleichwie ein ähnliches Handeln unsererseits unsere »Liebe« zum Ausdruck bringt (Vers 8). Denn was ist Gnade anders als spontane, unverdiente Liebe?

Seiner Aufforderung, ihre Liebe zu beweisen, fügt Paulus einige praktische Ratschläge hinzu, und zwar darüber, wie sie es tun sollen. Jetzt sollen sie nämlich vollenden, was sie im vorigen Jahr zu tun gewünscht und auch angefangen hatten. Denn das Wollen und das Tun müssen – ihren Mitteln entsprechend – Hand in Hand gehen (Vers 10-12). Christliches Geben ist anteilmäßiges Geben und »willkommen nach dem, was einer hat,« – vorausgesetzt, daß die Bereitschaft vorhanden ist. Paulus will die Bedürfnisse anderer nicht dadurch beheben, daß er den Korinthern einen Mangel aufzwingt, denn so würde er die Situation nur umkehren und das erste

Problem durch die Schaffung eines zweiten lösen. Nein, ihm kommt es vielmehr darauf an, »daß es zu einem Ausgleich komme« (Vers 13). Den Überfluß einiger vergleicht er mit dem Mangel anderer und ruft zu einer Angleichung auf, d.h. zu einer Linderung der Not durch eine Umverteilung des Überflusses (Vers 14). Zweimal hebt Paulus hervor, daß der Zweck dieser Übung die Schaffung von *isots* ist. Dieses Wort bedeutet normalerweise »Gleichheit«, kann aber auch mit »Fairneß« oder »Gerechtigkeit« übersetzt werden. Zuletzt (Vers 15) beruft er sich auf einen Vers aus dem Alten Testament, in dem es um Manna geht. Gott sorgte damals dafür, daß alle genug hatten. Größere Familien sammelten viel, aber nicht zu viel, denn ihnen blieb nichts übrig; kleinere Familien sammelten nur wenig, aber nicht zu wenig, denn sie hatten keinen Mangel. Jede Familie hatte genug, weil sie nicht gierig, sondern ihren Bedürfnissen gemäß sammelten.

Ich möchte versuchen, diese Anweisungen in umgekehrter Reihenfolge zusammenzufassen und sie auf die heutige Welt anzuwenden. 1. Niemand muß Mangel leiden, denn Gott hat die Welt mit ausreichenden Ressourcen – Sonnenschein und Regen, Boden, Luft und Wasser – versehen. 2. Vor Gott ist kein größeres Ungleichgewicht von Überfluß und Mangel, von Reichtum und Armut angenehm. 3. Wo ein ernst zu nehmendes Ungleichgewicht aufkommt, sollte es durch einen Ausgleich behoben werden, damit es zu »Gleichheit« oder »Gerechtigkeit« kommt. 4. Der Christ wird durch »Gnade« oder liebevolle Freigebigkeit bewogen, eine solche Gerechtigkeit anzustreben. Das war auch bei Jesus Christus der Fall, der, obwohl er reich ist, arm wurde, damit wir durch seine Armut reich würden. 5. Hierin sollten wir seinem Vorbild nacheifern, um so die Echtheit unserer Liebe zu beweisen. Es ist allerdings eine andere Frage, *wie* ein weltweiter Ausgleich herbeigeführt werden soll. Die Wirtschaftswissenschaftler sind da geteilter Meinung. Die langfristige Lösung liegt nicht unbedingt in einem massiven Transfer von Entwicklungshilfe. Aber welche Methode auch immer gewählt wird, das Motiv für das Streben nach Gleichheit und Fairneß muß stets die Liebe sein.

Vielleicht erhebt jemand an dieser Stelle den Einwand, daß es Paulus nur um einen Ausgleich innerhalb der Familie Gottes gegangen sei, daß Heidenchristen aus Griechenland nur Judenchristen in Judäa zu Hilfe gekommen seien und daß wir keinen Freibrief hätten, die Anwendug dieser Situation von der Gemeinde auf die Welt auszuweiten. Diese Einschränkung kann ich jedoch nicht akzeptieren. Die »Armen«, um deretwillen Christus selbst arm wurde, waren – wie wir – ungläubige Sünder. Zudem klingt das Prinzip, daß ein ernst zu nehmendes Ungleichgewicht beseitigt werden soll, wie eine universal gültige Wahrheit. Paulus schrieb zwar an anderer Stelle: »Darum, solange wir noch Zeit haben, laßt uns Gutes tun an jedermann, allermeist aber an des Glaubens Genossen« (Gal. 6,10). Dieses »allermeist« sollte jedoch nicht dazu dienen, Ungläubige auszuschließen, sondern dazu, uns daran zu erinnern, daß wir in erster Linie für unsere Glaubensgeschwister verantwortlich sind.

Es muß allerdings hinzugefügt werden, daß diese Auslegegung der Lehre des Paulus einer wichtigen Einschränkung unterworfen ist: Der Ausgleich, den Paulus uns als Ziel vor Augen führt, ist relativer, nicht absoluter Natur. Der Apostel war kein Vertreter eines totalen Egalitarismus, einer Auffassung, nach der alle Menschen genau gleich werden, das gleiche Einkommen erzielen, in identischen Häusern mit identischen Möbeln wohnen, identische Kleidung tragen und einen identischen Lebensstil entwickeln müßten. Denn der lebendige Gott ist nicht der Herr eintöniger Gleichförmigkeit, sondern bunter Vielfalt. Es stimmt zwar, daß er uns, was unsere Würde und unseren persönlichen Wert betrifft, gleich geschaffen hat, denn wir alle teilen sein Leben und tragen sein Ebenbild. Es stimmt ebenfalls, daß er allen Menschen ohne Unterschied die Segnungen des Sonnenscheins und des Regens zukommen läßt (Matth. 5,45). Doch hat er uns nicht die gleichen Anlagen gegeben. Im Gegenteil, wir unterscheiden uns von Geburt an voneinander – intellektuell (jeder hat einen anderen IQ), psychisch (unterschiedliches Temperament) und körperlich (einige sehen gut, andere häßlich aus, einige sind stark, andere schwach). Diese Unterschiede werden in die neue Schöpfung übernommen. Denn obwohl wir »allesamt einer in Christus Jesus« sind (Gal. 3,28), gleichermaßen Gottes Kinder, aus seiner Gnade durch den Glauben gerecht, und obwohl wir alle denselben Heiligen Geist empfangen haben, der in uns wohnt, teilt Christus dennoch durch seinen Geist verschiedene geistliche Gaben aus, deren Wert sich nach dem Maß, in dem sie zur Erbauung der Gemeinde beitragen, unterscheidet. [30]

Persönliche und wirtschaftliche Schlußfolgerungen

Wie können wir also das, was wir in der Bibel vorfinden, – Einheit und Vielfalt, Gleichheit und Ungleichheit – unter einen Hut bringen? Auf diese Frage gibt es zwei Antworten. Zunächst gilt es, nach unserem *persönlichen wirtschaftlichen Lebensstil* zu fragen. Gibt es einen Maßstab, nach dem wir urteilen können, für welchen Lebensstandard wir uns entscheiden und welche Unterschiede wir zwischen uns und unseren Nachbarn zulassen sollen? Mit dieser Frage müssen sich alle Missionare auseinandersetzen, vor allem wenn sie von einem reichen in ein Entwicklungsland umziehen. Was dieses Thema betrifft, war der *Willowbank Report* hilfreich: »Wir halten es nicht für richtig, sich in allem den Einheimischen anzupassen, denn der Versuch eines Ausländers, dies zu tun, wird möglicherweise nicht als authentisch, sondern als Schauspielerei aufgefaßt. Wir glauben aber auch nicht, daß zwischen unserem Lebensstil und dem der Menschen, die um uns herum leben, ein auffälliges Ungleichgewicht bestehen sollte. Zwischen diesen beiden Extremen sehen wir die Möglichkeit, einen Lebensstandard zu entwickeln, in dem eine fürsorgliche, teilende Liebe zum Ausdruck kommt. Eine solche Liebe findet es natürlich, Gastfreundschaft auf der Grundlage der Gegenseitigkeit zu üben, ohne jegliche Verlegenheit.«[31] Nach meinem Dafürhalten ist das eine sehr praktische Faustregel. In dem Moment, wo es mir wegen unseres ungleichen Lebensstils peinlich wird, einen anderen in seiner Wohnung zu besuchen oder ihn in die meine einzuladen, stimmt etwas nicht. Die Ungleichheit hat die Gemeinschaft zerstört. Es muß in die eine oder andere Richtung zu einem Ausgleich kommen. Präsident Nyerere verstand diese Herausforderung und nahm sich vor, Tansania zu einem Staat zu machen, in dem »keiner sich im Lichte des Wohlstands anderer seiner Armut und keiner sich im Lichte der Armut anderer seines Wohlstandes zu schämen braucht.«[32]

Dieses Prinzip kann uns zweitens helfen, *die wirtschaftliche Ungleichheit von Nord und Süd* im rechten Licht zu sehen. Da wir trotz unserer ungleichen Fähigkeiten alle von gleichem Wert sind, kann es nur richtig sein, nach »Gleichheit für alle« zu trachten. Jeder Mensch sollte die Gelegenheit erhalten, sein von Gott gegebenes menschliches Potential zum Wohle aller zur Entfaltung zu bringen. Alle Ungleichheiten können wir nicht abschaffen und wegen der Vielfalt in der Schöpfung sollten wir es lieber nicht versuchen. Unser Anliegen sollte vielmehr die Abschaffung ungerechter Privilegien sein und die Einführung der Chancengleichheit für alle. Denn Millionen von Menschen erhalten keine Gelegenheit, ihr menschliches Potential zu entfalten. Als Christen empfinden wir das als skandalös. Es ist nicht nur für die Menschen, die enttäuscht statt ausgefüllt bleiben müssen, sondern auch für ihren Schöpfer anstößig, denn er hat ihnen seine Gaben verliehen, damit sie entfaltet und im Dienst am Nächsten gebraucht, nicht aber verschwendet werden. Lassen Sie mich kurz zur Gleichheit im Bildungswesen, in der Lastenverteilung und im Handel Stellung nehmen.

An erster Stelle muß sicherlich die *Bildung* stehen. Laut UN gibt es »immer noch 34 Länder, wo mehr als 80 Prozent der Bevölkerung nicht lesen und schreiben können.«[33] Darum sollten wir jedes Programm unterstützen, das Gleichheit im Bildungswesen verspricht. »Bildung für alle« ist wahrscheinlich der schnellste Weg zur sozialen Gerechtigkeit, denn durch Bildung entwickelt der Mensch erst ein soziales Bewußtsein. Durch Bildung erhalten die Menschen die Einsicht und den Mut, die sie brauchen, um ihr Schicksal selbst in die Hand nehmen zu können. Dieser Prozeß wird als »Konszientisation« (Bewußtmachung) bezeichnet, ein häßliches Wort, das von dem brasilianischen Pädagogen Paulo Freire popularisiert wurde.[33a]

Auch was die internationale *Lastenverteilung* angeht, sollte den Entwicklungsländern eine gleichberechtigte Stellung zugestanden werden. Der Internationale Währungsfonds (IWF), die Weltbank und das Allgemeine Zoll- und Handelsabkommen (GATT) wurden alle 1944 als Ergebnis der Bretton Woods-Konferenz eingerichtet, also mehr als 20 Jahre vor dem ersten Treffen der UNCTAD, bei dem die Vertreter der Dritte-Welt-Länder zum ersten Mal ein eigenes Forum bekamen. Auch die Nord-Süd-Kommission glaubt, daß es nur gerecht wäre, den Entwicklungsländern in diesen internationalen Institutionen, die ihr wirtschaftliches Leben größtenteils bestimmen, eine viel gewichtigere Stimme zuzubilligen. Die von den Entscheidungen Betroffenen sollten an der Entscheidungsfindung beteiligt werden.

Ich komme drittens zum umstrittenen Bereich des *internationalen Handels.* Heute rufen viele nach »trade not aid« (Handel statt Entwicklungshilfe). Sie sind verständlicherweise darüber enttäuscht, daß Entwicklungshilfe oftmals entweder zur Finanzierung der falschen Projekte – für Prestigebauten statt für echte Entwicklung, die Arbeitsplätze schaffen, den Export fördern und den

Armen helfen würde, – benutzt oder wegen Inkompetenz und Korruption vergeudet wird. Und sie sind zusätzlich frustriert, weil es normalerweise als unannehmbar gilt, die Bedingungen, unter denen Entwicklungshilfe geleistet wird, festlegen zu wollen. Doch ruft die Nord-Süd-Kommission in ihren beiden Berichten zu einem massiven Transfer von Ressourcen auf. Ich glaube, sowohl Geldgeber als -verleiher haben – nicht zuletzt, weil es sich, im Falle von Regierungen und Banken, nicht um ihr eigenes Geld handelt, – die Pflicht sicherzustellen, daß das Geld in der Tat für die Entwicklungsprojekte ausgegeben wird, für die es vorgesehen war.

Präsident Nyerere hat den gleichen Zugang für alle zu den Weltmärkten gefordert. Die Entwicklungsländer sollten nicht mehr gezwungen werden, »billig zu verkaufen und teuer einzukaufen«. Auch die Nord-Süd-Kommission plädiert für den Abbau des Protektionismus und für günstigere Handelsbedingungen. Im Prinzip wird allgemein anerkannt, daß diese Forderungen nur gerecht sind. Man erkennt aber auch, daß es schwer sein wird, im Handelssektor die Chancengleichheit zu verwirklichen, weil die Entwicklungsländer als ungleiche Partner zum Markt und an den Verhandlungstisch kommen und deshalb ungleiche Verhandlungspositionen einnehmen. Das ist teilweise eine Folge der Tatsache, daß die Produkte, die sie vor der Industrialisierung anzubieten haben, durch ihre jeweilige geographische Lage bedingt sind. Teilweise geht es aber auch darauf zurück, daß ihnen die Ressourcen – Kapital, Technologie, Know-how – fehlen, um ihren Exportmarkt zu diversifizieren. Wahrscheinlich sind zwei Drittel der Länder, die einen Zugang zu den internationalen Märkten suchen, auf die eine oder andere Art benachteiligt.

Vielleicht würde die Herstellung der Chancengleichheit in diesen drei Bereichen – Bildung, verantwortliche Entscheidungsfindung, Handel – mehr als alles andere dazu beitragen, eine gerechtere Verteilung der Reichtümer dieser Welt zu gewährleisten.

An der gegenwärtigen Kluft zwischen Nord und Süd – »eine so breite Kluft, daß die Völker an ihren äußersten Rändern in verschiedenen Welten zu leben scheinen«[34] – ist weder Gott schuld, denn er hat die Erde und das Meer mit Ressourcen versehen, noch die Armen selbst, denn sie wurden zumeist hineingeboren, obwohl festgestellt werden muß, daß einige Regierungschefs sich der Korruption und der Inkompetenz schuldig gemacht haben. Auch wir sind nicht unbedingt daran schuld, obwohl unsere kolonisierenden Vorväter möglicherweise dazu beitrugen, die Kluft hervorzurufen.

Wir laden erst dann persönliche Schuld auf uns, wenn wir das Fortbestehen dieser Ungleichheit bejahen. In Jesu Gleichnis vom reichen Mann und armen Lazarus wird nicht einmal angedeutet, daß der reiche Mann für die entsetzliche Lage des armen Lazarus verantwortlich gewesen sei. Der reiche Mann machte sich aber dadurch schuldig, daß er den Bettler, der vor seiner Tür lag, ignorierte, sich um dessen absolute Armut überhaupt nicht kümmerte, seine Habe nicht einsetzte, um die Not des Armen zu lindern, und eine Situation größter wirtschaftlicher Ungleichheit, die den Lazarus enthumanisierte und die er selbst hätte beheben können, tatenlos hinnahm. Die streunenden Hunde, die die Geschwüre des armen Lazarus leckten, hatten größeres Erbarmen mit ihm als der reiche Mann. Der Reiche kam in die Hölle, aber nicht weil er Lazarus ausgebeutet hätte, sondern wegen seiner skandalösen Gleichgültigkeit und Apathie.

* * *

Wir werden versucht, die Komplexität der Weltwirtschaft als Grund dafür vorzuschieben, daß wir nichts unternehmen. Wir sollten Gott darum bitten, mehr Christen zu berufen, damit sie neue internationale Wirtschaftsstrategien entwickeln, auf politische Lösungen hinarbeiten und sich im Bereich der Entwicklung der Dritten Welt, der praktischen Philanthropie und der Evangelisierung engagieren. Zu diesen Aufgaben wissen sich allerdings nur einige Gläubige berufen.

Wir alle können jedoch empfinden, was Jesus empfand: die Qualen der Hungernden, die Entfremdung der Armen, die Schmach der Elenden. Die Ungleichheit von Nord und Süd ist letztlich weder ein politisches noch ein wirtschaftliches, sondern ein moralisches Problem. Solange wir uns nicht über die weltweite soziale Ungerechtigkeit moralisch entrüsten und wegen des weltweiten menschlichen Leids Erbarmen verspüren, werden wir kaum in der Lage sein zu handeln.

Was können wir also tun? Zunächst sollten wir uns informieren. Gleichwie Lazarus vor der Tür des reichen Mannes lag, so liegt die Dritte Welt vor unserer Tür. Der reiche Mann konnte sich nicht auf seine Unwissenheit berufen – und das können auch wir nicht. Wir sollten eine Tageszeitung lesen, in der ausreichend über das Geschehen in der Dritten Welt berichtet wird, und vielleicht auch eine Zeitschrift abonnieren, die sich ausschließlich mit der Not in der Dritten Welt befaßt. Wir können uns mit jemandem, der aus einem Entwicklungsland stammt, befreunden und uns vielleicht anbieten, an einem kurzen Einsatz in der Dritten Welt teilzunehmen. Selbstunterricht dieser Art kann zu politischer Agitation führen. Er wird sich unweigerlich auch auf unsere Brieftasche auswirken. Wir sollten für all das Gute, das Gott uns gegeben hat, dankbar sein, aber auch der biblischen Prinzipien der Einheit und der Gleichheit eingedenk bleiben. Dann werden wir reichlich für die Entwicklung der Welt und für die Weltmission spenden. Durch unser persönliches Engagement für einen einfacheren Lebensstil werden die Probleme der Weltwirtschaft natürlich nicht gelöst. Aber auf diese Weise bringen wir symbolhaft zum Ausdruck, daß wir als Christen Jesus Christus gehorchen und an der Gnade Anteil haben wollen, die ihn bewog, sich selbst zu entäußern und Knechtsgestalt anzunehmen.

Anmerkungen:

1 *Das Überleben sichern: der Brandt-Report.* Bericht der Nord-Süd-Kommission. Frankfurt/Main, Berlin und Wien 1981, S. 11-12.

2 Ibid. S. 135

3 Ibid. S. 66

4 Ibid. S. 43

5 *Hilfe in der Weltkrise: Ein Sofortprogramm.* Der zweite Bericht der Nord-Süd-Kommission. Reinbek b. Hamburg 1983.

6 *Das Überleben sichern*, S. 33

7 Ibid. S. 65

8 Ibid. S. 333ff

9 Ibid. S. 84

10 Ibid. S. 84

11 Ibid. S. 41

12 Brian Griffiths, *Morality and the Market Place*, 1982, S. 127

13 *Das Überleben sichern*, S. 83

14 Ibid. S. 34

15 *Morality and the Market Place*, S. 143

16 Ibid. S. 148-149

17 *The Year 2000 AD*, hrsg. von John Stott, 1983, S. 72-102

18 Ibid. S. 92-93

19 Ibid. S. 94

20 Ibid. S. 95

21 *Das Überleben sichern*, S. 331

22 *Hilfe in der Weltkrise.*

23 Ibid.

24 Barbara Ward und Rene Dubos, Only One Earth, 1972.

25 Op. cit., S. 298

26 *Duncan Monro, Trade, Justice and the Wealth of Nations*, 1976, S. 11 und 24

27 Barbara Ward, *Progress for a Small Planet*, 1979, S. 277

28 Ibid. S. 257

29 Roger D. Hansen u. a., *US Foreign Policy and the Third World: Agenda 1982*, 1982, S. 234

30 Zu demselben Geist siehe z.B. Röm. 8,9; 1. Kor. 12,13. Zu den verschiedenen geistlichen Gaben siehe z.B. Röm. 12,3-8 und 1. Kor. 12,4-31

31 *Gospel and Culture.* The Willowbank Report, 1978, S. 29

32 Aus einer Rede zur Arusha-Erklärung 1967, veröffentlicht in: *Freedom and Socialism, uhuru na ujamaa* eine Auswahl aus den Schriften und Reden von Julius Nyerere 1965-1967, Dar-es-Salam 1968, S. 326

33 *Das Überleben sichern*, S. 76

33a Siehe: Paulo Freire, *Pädagogik der Unterdrückten*, Reinbek bei Hamburg 1973. (Anm. d. Übers.)

34 *Das Überleben sichern*, S. 41

4. Die Menschenrechte

»Wer ein ruhiges Leben führen möchte«, soll Leo Trotzki gesagt haben, »hätte nicht im 20. Jahrhundert geboren werden dürfen.« Zumindest damit hatte er recht.

Menschenrechtsverletzungen

Gewalt und Menschenrechtsverletzungen waren bisher kennzeichnend für unser Jahrhundert.[1] Während der beiden Weltkriege kamen ungefähr 60 Millionen Menschen ums Leben. In Hitlers Konzentrationslagern und Gaskammern wurden beim Holocaust sechs Millionen Juden ermordet. Auch Stalin liquidierte in seinen sibirischen Arbeitslagern Millionen von Dissidenten. Laut Solschenizyn sind seit 1923 rund 65 Millionen Russen von ihrer eigenen Regierung getötet worden. Die neue sowjetische Verfassung, die 1977 unter Breschnew in Kraft trat und die alte, von Stalin herrührende ersetzte, versprach zwar gewisse Freiheiten, doch wurden diese in der Praxis nie gewährt. Jede abweichende Stimme wird effektiv zum Schweigen gebracht, mit der Folge, daß uns heute die Namen von 10.000 Menschen bekannt sind, die sich wegen ihres religiösen Glaubens in der Sowjetunion im Gefängnis befinden. Die Schreckensherrschaft Idi Amins in Uganda forderte von 1971 bis 1979 zwischen einer halben und einer dreiviertel Million Menschenleben. Das brutale Vorgehen der roten Khmer in den Jahren 1975 bis 1979 kann nur als Völkermord bezeichnet werden, denn drei Millionen Kambodschaner – beinahe die Hälfte der Bevölkerung des Landes – wurden hingerichtet, starben an Seuchen oder verhungerten.

In Lateinamerika sind Repression und Revolution immer noch weitverbreitet. In Argentinien sind seit 1976 rund 30.000 Menschen verschwunden, und hinzu kommen die Tausende, von denen man weiß, daß sie entweder umgebracht oder ins Exil geschickt worden sind. Bis 1976 hatte Uruguay die höchste Anzahl politische Gefangener im Verhältnis zur Bevölkerung: Jeder 500. Bürger soll verhaftet oder interniert worden sein. Was Chile betrifft, hat der Fall Charles Horman jeden schockiert, der das betreffende Buch gelesen oder den Film gesehen hat. Horman, dessen Vorliebe für Chiles sozialistisches Experiment eher sentimentaler als ideologischer Art gewesen sein mag, war einer von zwei Amerikanern, die 1973 spurlos verschwanden, als das marxistische Regime Salvador Allendes bei einem vom rechtsgerichteten General Pinochet inszenierten Staatsstreich gestürzt wurde. Ed Horman, Charles' Vater, verklagte daraufhin alle Beamten des State Departement, von Henry Kissinger bis zu den Angestellten der US-Botschaft in Santiago, wegen ihrer Mitschuld am Tode seines Sohnes. Diese Klage zog er erst 1981 zurück, als die Regierung ihm immer noch im Namen der »nationalen Sicherheit« ein Hindernis nach dem anderen in den Weg legte. Sein Rechtsanwalt, Thomas Hauser, gab ein Buch mit dem Titel *The Execution of Charles Horman: An American Sacrifice* (Die Hinrichtung Charles Hormans: ein amerikanisches Opfer) heraus, in dem er eine Mitschuld der amerikanischen Regierung nachzuweisen versuchte. Das State Department veröffentlichte sofort ein dreiseitiges Dementi. Daraufhin sprach Costa-Gavras – der in Griechenland geborene Filmregisseur, der »Z«, einen Dokumentarfilm über das griechische Militärregime, gedreht hatte – mit den Hormans und mit Hauser. Dann stellte er unter Exilchilenen Nachforschungen an und drehte 1981 in Mexiko-Stadt den rührenden Film *Missing*. In diesem Film sehen wir, wie Ed Horman, ein ehrlicher christlicher Wissenschaftler, auf den Straßen, im Stadion, in den Krankenhäusern und zuletzt im Leichenschauhaus seinen als vermißt gemeldeten Sohn sucht. Aber durch die offensichtliche Heuchelei der Angestellten der amerikanischen Botschaft verwandelt sich seine anfängliche Ungläubigkeit zunächst in Enttäuschung und Zynismus und zuletzt in die Überzeugung, daß die USA nicht nur an der Hinrichtung seines Sohnes, sondern am Staatsstreich selbst beteiligt waren. Der Film schließt mit der den Fakten entsprechenden Aussage, daß Charles' Leiche, obwohl ihre sofortige Rückkehr in die Vereinigten Staaten versprochen worden war, tatsächlich erst Monate später zurückgeschickt wurde, so daß die Todesursache durch eine Leichenöffnung nicht mehr festgestellt werden konnte.

In Südafrika sondert das Apartheidsystem die Schwarzen von der weißen Bevölkerung ab und zwingt sie, in den ihnen willkürlich zugewiesenen Homelands zu wohnen. Zu dieser unmenschlichen Regierungspolitik kommt hinzu, daß 1963 Menschen bis 1979 in polizeilichem Gewahrsam gestorben sind, die meisten von ihnen unter mysteriösen Umständen. Das bekannteste Opfer war Steve Biko, der Leiter der Bewegung für schwarzes Selbstbewußtsein (*Black Consciousness*), der 1977 ums Leben kam.

Bei einer solchen Aufzählung von Abscheulichkeiten besteht das Risiko, daß wir uns selektiv entrüsten – so, als würden die Menschenrechte ausschließlich von »jenen bösen Russen«, von »jenen südafrikanischen Rassisten« oder – manchmal, wie behauptet wird, mit geheimer nordamerikanischen Unterstützung – von den lateinamerikanischen Oligarchien oder Militärjunten verletzt. Wir Briten sollten uns deshalb beschämt daran erinnern, daß der für Menschenrechtsfragen zuständige europäische Gerichtshof in Straßburg 1978 die Methoden, die die Royal Ulster Constabulary 1971 für kurze Zeit beim Verhör von 14 mutmaßlichen IRA-Terroristen anwandte, als Verstoß gegen Artikel 3 der europäischen Menschenrechtskonvention wertete. Obwohl das Gericht Großbritannien von dem Vorwurf der irischen Regierung, diese Methoden kämen einer Folterung gleich, freisprach, sprach es dennoch von einer »unmenschlichen und entwürdigenden Behandlung«. Die britische Regierung akzeptierte das Urteil, richtete zur Nachprüfung ein Komitee ein und befolgte schließlich dessen Empfehlungen.

Die Menschenrechte werden auch sonst auf mancherlei Weise verletzt. Bei der Menschenrechtskommission der UN gehen jedes Jahr rund 20.000 Beschwerden ein. Wie in der Vergangenheit, so werden auch heute in einigen Fällen Minderheiten ungerecht behandelt: Asiaten in Ostafrika, Inder in Brasilien, die Ureinwohner in Australien, die Unberührbaren in Indien, die Kurden in der Türkei sowie im Iran und Irak, die Palästinenser im Nahen Osten, die Indianer in Nordamerika und die Inuit (Eskimos) in Kanada; vielleicht sollte man hinzufügen: die Katholiken in Nordirland. Dann gibt es die Notlage der Flüchtlinge und die Entwürdigung des Menschen durch Analphabetentum, Rassismus, Armut, Hunger und Krankheit. Im Westen ist ein neues Problem hinzugekommen: der Angriff auf die Privatsphäre durch die Speicherung von Informationen in Datenbanken. Weitaus schlimmer als all dieses ist die Tatsache, daß Foltermethoden trotz weltweiter Verurteilung weiterhin Anwendung finden. Dr. Emilio Castro hat zu Recht festgestellt: »Die Folter tötet das Menschliche im Folterer und zerstört die Persönlichkeit des Gefolterten.« [2]

Die Sorge um die Menschenrechte

Trotz aller Menschenrechtsverletzungen und der wachsenden Zahl der Mißbräuche und Freveltaten scheint auch das Maß der Anerkennung dieser Rechte und der Besorgnis um ihre Sicherung zugenommen zu haben. Im gewissen Sinne ist das nichts Neues. Der Mensch, da er sich seiner selbst bewußt ist, hat zweifellos von Anfang an über sich selbst und seine Identität sowie über seine Rechte und Pflichten nachgedacht. Daher hat der Begriff Menschenrechte bereits eine sehr lange Geschichte. Schon Platon und Aristoteles rangen mit Vorstellungen wie Freiheit und Gerechtigkeit, während Thomas von Aquino und andere Theologen des Mittelalters das griechische Gedankengut christianisierten und von einem »Naturrecht« sprachen. Dankbar schaut Großbritannien auf die *Magna Charta* zurück, die im Jahre 1215 von König Johann unterzeichnet und zehn Jahre später von König Heinrich III. neu erlassen wurde. Zu ihren Bestimmungen gehörten eine Freiheitsgarantie für die Kirche und das Recht auf einen gerechten Prozeß vor seinesgleichen. Ein weiterer Meilenstein britischer Geschichte war die Bill of Rights (1688-89), durch die die Krone dem Parlament unterstellt wurde.

Verfassungsmäßige Rechte für die Bürger wurden in Amerika und Frankreich zur Zeit ihrer Revolutionen gegen Ende des 18. Jahrhunderts gesichert. In der von Thomas Jefferson verfaßten amerikanischen Unabhängigkeitserklärung (1776) wurde als »selbstverständlich« vorausgesetzt, daß »alle Menschen gleich geschaffen und von ihrem Schöpfer mit gewissen unabdingbaren Rechten augestattet« seien, insbesondere mit dem Recht auf »Leben, Freiheit und Streben nach Glück«. Einer ähnlichen Sprache bediente man sich in der 1789 von der französischen Nationalversammlung verabschiedeten »Erklärung über die Rechte des Menschen und der Bürger«. Hier ist von des Menschen »natürlichen, unverletzbaren und unabdingbaren Rechten« bzw. von »den natürlichen, unabdingbaren und heiligen Rechten des Menschen« die Rede. Diese Erklärung verteidigte Thomas Paine beredt in seinem berühmten, 1791 erschienenen Buch *The Rights of Man* (Die Rechte des Menschen). Aus diesem Buch werde ich sogleich zitieren.

Es waren jedoch die Schrecken des Zweiten Weltkrieges – die Grausamkeit Hitlers und die Brutalität der Japaner –, die das Thema Menschenrechte in den Mittelpunkt des Weltinteresses rückten. Im Juni 1941 hielt Präsident Roosevelt seine berühmte Rede zur Lage der Nation, in der er die Verwirklichung einer Welt voraussagte, die auf »vier unverzichtbaren Freiheiten« aufgebaut sein sollte: der Rede- und Meinungsfreiheit, der Religionsfreiheit, dem Befreitsein von Mangel und dem Freisein von Furcht. Er fügte jeweils die Worte hinzu: »Überall auf der Welt«.[3]

Die Organisation der Vereinten Nationen wurde 1945 gegründet. In der Präambel ihrer Charta heißt es: »Wir, die Völker der Vereinten Nationen (sind) fest entschlossen, unseren Glauben an die Grundrechte des Menschen, an Würde und Wert der menschlichen Persönlichkeit, an die Gleichberechtigung von Mann und Frau sowie von allen Nationen, ob groß oder klein , erneut zu bekräftigen.« Im ersten Artikel ist von »einer internationalen Zusammenarbeit« die Rede, »um ... die Achtung vor den Menschenrechten und Grundfreiheiten für alle ohne Unterschied der Rasse, des Geschlechts, der Sprache oder der Religion zu fördern und zu festigen.« Der 55. Artikel ist noch deutlicher. Hier lesen wir, daß die Vereinten Nationen »die allgemeine Achtung und Verwirklichung der Menschenrechte und Grundfreiheiten für alle ohne Unterschied der Rasse, des Geschlechts, der Sprache oder der Religion fördern« werden.

Im darauffolgenden Jahr richteten die Vereinten Nationen die Menschenrechtskommission unter dem Vorsitz von Präsident Roosevelts Witwe Eleanor ein und betrauten sie mit der Aufgabe, als ersten Teil der internationalen Bill of Rights, mit deren Ausarbeitung sie beauftragt worden waren, eine »Allgemeine Menschenrechtserklärung« vorzubereiten. In deren Präambel wird bestätigt, daß die »Anerkennung der Würde sowie der unabdingbaren Gleichberechtigung aller Mitglieder der menschlichen Familie« das Fundament sei, ohne das es »Freiheit, Gerechtigkeit und Friede« auf der Welt nicht geben könne. Im Ersten Artikel wird dann erklärt, daß »alle Menschen frei, von gleicher Würde und mit den gleichen Rechten geboren« seien. Im Zweiten Artikel wird hinzugefügt, daß »alle Menschen zu allen in dieser Erklärung dargelegten Rechten und Freiheiten berechtigt« seien, und zwar »ohne Rücksicht auf Rassenzugehörigkeit, Hautfarbe, Geschlecht, Sprache, Religion, politische oder sonstige Meinung, nationale oder soziale Herkunft, Eigentum, Geburt oder sonstigen Status.« Der erste Teil der Erklärung handelt von den politischen und Bürgerrechten, der zweite von den wirtschaftlichen, politischen und kulturellen Rechten. Die Erklärung wurde am 10. Dezember 1948 in Paris von der Generalversammlung der Vereinten Nationen angenommen, später allerdings von einigen Staaten nicht ratifiziert.

Dr. Charles Malik, ein Angehöriger der christlichen Volksgemeinschaft im Libanon und später Präsident der UN-Generalversammlung, schrieb folgendes über die späten 40er Jahre, d.h. über die Zeit, in der der Erklärungsentwurf ausgearbeitet wurde: »In einer Welt, die gerade erst einen vernichtenden – nicht nur in physischer, wirtschaftlicher und politischer, sondern vor allem in sittlicher, geistlicher und menschlicher Hinsicht vernichtenden – Krieg überstanden hatte, war, so glaubten wir, nichts dringender vonnöten als die Wiedererlangung und Bestärkung der vollen Integrität des Menschen. Wir liebten den Menschen und hielten ihn für wundervoll; wir wollten, daß er ganz er selbst sein und sich an seiner angeborenen Würde und Freiheit erfreuen konnte. Sahen wir uns jedoch um, so fanden wir nur Zerrbilder der Menschheit – ihrer materiellen Grundbedürfnisse beraubt, durch die Ideen unterdrückt, anhand derer sie sich selbst und die Welt interpretierten, wegen der willkürlichen Gesetze ihrer Regierungen verdreht, durch die Bräuche und Überzeugungen ihrer Gesellschaften moralisch verunstaltet, in ihrem geistigen Format eingeengt und entstellt... Darum schickten wir uns an nachzuforschen, inwiefern wir das Wesentliche am Menschen würden definieren und beschützen können. Nie habe ich schwerer gearbeitet, nie habe ich ein stärkeres Gefühl des Selbstvertrauens gehabt, nie habe ich eine tiefere existentielle Freude ausgestrahlt als in jenen denkwürdigen Tagen.« [4]

Die Annahme der Allgemeinen Erklärung der Menschenrechte war erst der Anfang. Auf die europäische Konvention zum Schutze der Menschenrechte (1950) folgte 1953 bzw. 1958 die Schaffung der europäischen Menschenrechtskommission und des europäischen Gerichtshofs. Im Jahre 1961 wurde Amnesty International ins Leben gerufen. 1966 wurden die beiden Internationalen Übereinkommen veröffentlicht: In dem einen ging es um wirtschaftliche, soziale und kulturelle, in dem anderen um bürgerliche und politische Rechte. Das Jahr 1968 wurde zum Internationalen Jahr der Menschenrechte erklärt. Und 1973 tagte in Helsinki die Konferenz über Sicherheit und Zusammenarbeit in Europa (KSZE), deren 1975 beschlossene Schlußakte einen Abschnitt über die »Beachtung der Menschenrechte und Grundfreiheiten« enthielt. Im darauffolgenden Jahr – 1976 – traten die beiden Internationalen Übereinkommen in Kraft, und so wurde die lang ersehnte internationale *Bill of Human Rights* (Abkommen über die Menschenrechte) zur Wirklichkeit.

Einerseits gibt es also eine Allgemeine Erklärung der Menschenrechte; andererseits werden in vielen Teilen der Welt die Menschenrechte mißachtet. Angesichts dieser paradoxen Situation sollten Christen einige grundsätzliche Fragen stellen. Wie kommt es, daß Menschen überhaupt Rechte haben? Woher haben sie diese erworben? Welchen speziellen Beitrag können Christen zu der fortlaufenden Debatte über bzw. zur Aktion für die Menschenrechte leisten? Vielleicht täten wir gut, diese Fragen zunächst mit Thomas Paines Hilfe zu beantworten. Paine war zwar Deist und darum alles andere als ein rechtgläubiger Christ, aber sein Vater war Quäker und seine Mutter Anglikanerin, so daß er in seinen Anschauungen immer noch christlich genug war, um zu wissen, daß die Rechte des Menschen von Gott erschaffen wurden. Im Jahre 1791 schrieb Paine:

> Was die Rechte des Menschen anbelangt, besteht der Irrtum derer, die nach Präzedenzfällen aus der Antike urteilen, darin, daß sie die Antike nicht weit genug, nämlich bis zuletzt, zurückverfolgen. Sie bleiben bei einigen der dazwischenliegenden Stufen von hundert oder tausend Jahren stehen. Aber nur wenn wir weiterdringen, werden wir zuletzt am richtigen Punkt ankommen; wir werden die Zeit erreichen, in der der Mensch die Hand seines Schöpfers verließ. Was war er damals? Er war Mensch. »Mensch« war sein einziger und hoher Titel; ein höherer kann ihm nicht beigelegt werden.[5]

Thomas Paine hatte recht. Die Menschenrechte haben ihren Ursprung in der Schöpfung. Diese Rechte hat der Mensch nie »erworben«. Sie wurden ihm weder von einer Regierung noch von irgendeiner Behörde zugesprochen. Sie stand dem Menschen von Anfang an zu. Zusammen mit seinem Leben empfing er sie aus der Hand des Schöpfers. Sie gehören wesensmäßig zu dessen Schöpfung dazu. Sie wurden ihm von seinem Schöpfer verliehen.

Das können wir auch anders ausdrücken: Die Menschenrechte sind die Rechte der Menschen, und die Natur der Menschenrechte hängt von der Natur der Menschen ab, um deren Rechte es geht. Wie wir bereits in Kap. 2 erkannten, sind auch die Rechte der Tiere wichtig, denn auch sie wurden von Gott erschaffen; aber ihnen ließ er nicht die Ehre zukommen, in seinem Bilde geschaffen zu sein. Für das Verständnis der Menschenrechte ist daher die Frage, was es heißt, Mensch zu sein, grundlegend. Da die Bibel sich intensiv mit dem befaßt, was Gott mit den Menschen vorhat, hat sie zu diesem Thema viel zu sagen. Ihre Botschaft läßt sich, wie mir scheint, mit drei Begriffen zusammenfassen: »Würde«, »Gleichheit« und »Verantwortung«.

Die Würde des Menschen

Die Würde des Menschen wird in Genesis 1,27 + 28 in drei aufeinanderfolgenden Sätzen, die wir bereits in ihrem Bezug zur Umwelt unter die Lupe genommen haben, bestätigt. Erstens: »Gott schuf den Menschen zu seinem Bilde.« Zweitens: »Und schuf sie als Mann und Weib.« Drittens: »Gott segnete sie und sprach zu ihnen: ‚... füllet die Erde und machet sie euch untertan.'« Die Würde des Menschen, so geht aus diesen Sätzen hervor, besteht aus drei einzigartigen Beziehungen, die Gott durch die Schöpfung für uns eingerichtet hat und die zusammen einen Großteil unseres Menschseins ausmachen. Durch den Sündenfall wurden sie zwar verunstaltet, aber nicht zerstört.

Bei der ersten handelt es sich um *unsere Beziehung zu Gott.* Menschen sind gottähnliche Wesen, die gemäß dem Willen Gottes in seinem Bilde erschaffen wurden. Mit dem Bilde Gottes sind u. a. jene rationalen, sittlichen und geistlichen Eigenschaften gemeint, die uns von den Tieren unterscheiden und uns eine Beziehung zu Gott ermöglichen. Da wir diese Eigenschaften besitzen, können wir von Evangelisten und Lehrern etwas über Gott erfahren. (Das Evangelium hören zu dürfen, gehört zu den grundlegenden Menschenrechten.) Wir können Gott kennenlernen und lieben, ihm dienen, in bewußter, demütiger Abhängigkeit von ihm leben, seinen Willen verstehen und seinen Geboten gehorchen. Also fallen alle jene Menschenrechte, die wir als die Religions- und Gewissensfreiheit und als die Rede- und Meinungsfreiheit bezeichnen, unter diese erste Rubrik unserer Beziehung zu Gott. Es fällt auf, daß sogar die deistisch eingestellten Führer der amerikansichen und französichen Revolutionen dieses instinktiv erkannten und sich auf ein »höchstes Wesen« beriefen, von dem letztlich alle Menschenrechte abzuleiten seien.

Bei der zweiten einzigartigen Fähigkeit des Menschen handelt es sich um *unsere Beziehung zueinander.* Der Gott, der die Menschheit erschuf, ist selbst ein soziales Wesen, ein einziger Gott, der drei ewig zu unterscheidende Modi der Persönlichkeit umfaßt. Er sagte: »Lasset *uns* Menschen machen, ein Bild, das *uns* gleich sei.« Darum schuf Gott den Menschen als Mann und Frau und gebot ihnen, sich fortzupflanzen. Es war Gott, der die Sexualität erschuf und die Ehe einrichtete; es war sein Wille, daß die Menschen Gemeinschaft miteinander haben sollten. Die Unantastbarkeit der geschlechtlichen Beziehung, der Ehe und der Familie, das Recht, sich friedlich zu versammeln, und das Recht, ohne Rücksicht auf Alter, Geschlecht, Rassenzugehörigkeit oder Rang geachtet zu werden, – alle diese menschlichen Freiheiten fallen unter die zweite Rubrik unserer Beziehung zueinander.

Die dritte Eigenschaft, die uns als Menschen auszeichnet, ist *unsere Beziehung zur Erde* und zu den Geschöpfen dieser Welt. Gott hat uns die Herrschaft übertragen und uns angewiesen, uns die fruchtbare Erde untertan zu machen, sie zu kultivieren und über ihre Geschöpfe zu herrschen. Das Recht auf Arbeit und Ruhe, das Recht, an den Ressourcen der Erde Anteil zu haben, das Recht auf Leben und Gesundheit und deren Erhaltung, das Freisein von Armut, Hunger und Krankheit – alle diese Menschenrechte fallen unter die dritte Rubrik unserer Beziehung zur Erde.

Es mag sich zwar um eine übermäßige Vereinfachung handeln, doch können wir das, was mit der Würde des Menschen gemeint ist, unter folgenden drei Überschriften zusammenfassen: unsere Beziehung zu Gott (das Recht und die Verantwortung, Gott anzubeten); unsere Beziehung zueinander (das Recht und die Verantwortung, Gemeinschaft zu pflegen); unsere Beziehung zur Erde (das Recht und die Verantwortung, Verwalter zu sein). Hinzu kommen natürlich die Gelegenheiten, die wir dank unserer Erziehung, unseres Einkommens und unserer Gesundheit bekommen, dieses einzigartige menschliche Potential zu *entwickeln.*

Im Grunde genommen handelt es sich bei allen Menschenrechten um das Recht, ein Mensch zu sein, sich an der Würde zu erfreuen, im Bilde Gottes geschaffen zu sein, und als Folge davon eine einzigartige Beziehung zu Gott selbst, zu unseren Mitmenschen und zur materiellen Welt zu genießen. Christen möchten aber noch etwas Wichtiges hinzufügen: Unter dem höchstmöglichen persönlichen Einsatz hat uns unser Schöpfer durch die Menschwerdung und das Sühneopfer seines Sohnes erlöst oder neu geschaffen. Die Kostbarkeit von Gottes Erlösungswerk verstärkt aber das Gefühl menschlicher Würde, das wir aufgrund der Schöpfung bereits empfinden. Mit seiner üblichen Klarheit drückte

William Temple diese Wahrheit wie folgt aus:

> Außer auf der Grundlage des Gottesglaubens kann es keine Menschenrechte geben. Existiert Gott aber wirklich und sind alle Menschen seine Söhne, dann ist *das* der wahre Wert eines jeden von ihnen. Ich bin das wert, was ich vor Gott wert bin; und da Christus für mich gestorben ist, ist das erstaunlich viel. Im übrigen gibt das, was einem jeden von uns seinen höchsten Wert verleiht, allen Menschen den gleichen Wert: In allem, was wirklich von Belang ist, sind wir alle gleich. [6]

Unser Wert hängt also davon ab, wie Gott uns sieht und in welcher Beziehung wir zu ihm stehen. Folglich sind die Menschenrechte nicht uneingeschränkt, als wären wir frei, absolut alles zu sein und zu tun, was wir selber möchten. Die Menschenrechte beschränken sich auf das, was mit der menschlichen Existenz, die Gott für uns bestimmt hat, vereinbar ist. Wer wahre Freiheit kennenlernen will, muß sich selbst als authentischem Menschen treu bleiben und darf keinen Selbstwiderspruch dulden. Darum war es sehr wichtig, den Begriff Mensch vor dem der Menschenrechte zu definieren. Dieses Prinzip wird uns auch eine Hilfe sein, wenn wir in den Kapiteln 13 und 16 die Forderungen nach Gleichberechtigung für Frauen bzw. Homosexuelle besprechen. Solche Forderungen werfen nämlich die Frage auf, inwieweit der Feminismus bzw. homosexuelle Praktiken mit der Menschlichkeit zu vereinbaren sind, die Gott geschaffen hat und zu erhalten beabsichtigt.

Die Würde, die dem Menschen aufgrund der Schöpfung zukommt, und das Recht auf Achtung, das daraus abgeleitet wird, dürfen unter keinen Umständen vergessen werden. Während einer Haftstrafe werden Kriminelle zu Recht ihrer Freiheit beraubt. Aber das Recht, einen Menschen gefangenzusetzten, zieht nicht das Recht nach sich, über einen Gefangenen die Einzelhaft zu verhängen oder ihn in sonstiger Weise unmenschlich zu behandeln. Ich war froh, als ich las, wie Kurt Scharf, der Bischof von Berlin-Brandenburg, Ulrike Meinhof und andere Mitglieder der berüchtigten Baader-Meinhof-Bande im Gefängnis besucht hatte, um ihre Haftbedingungen zu untersuchen und sich ihre Beschwerden anzuhören. [7] Ich bin ebenfalls für die Arbeit der Prison Fellowship International dankbar. Chuck Colson gründete diese Organisation, nachdem er die brutalisierenden Auswirkungen eines Gefängnisaufenthaltes persönlich erfahren hatte. Insassen, die per Gerichtsbeschluß ihrer Freiheit beraubt worden sind, dürfen keine anderen Rechte genommen werden. »Ich bin im Gefängnis gewesen, und ihr seid zu mir gekommen«, sagte Jesus.

Die Gleichheit aller Menschen

Es ist tragisch, daß mit »Menschenrechten« nicht immer »gleiche Rechte für alle« gemeint waren. Durch den Egoismus des Menschen werden des Schöpfers gute Gaben verdorben. Wie leicht werden aus den Rechten, die Gott allen Menschen ohne Unterschied gewährt hat, *meine* Rechte, auf die ich ohne Rücksicht auf die Rechte anderer oder auf das Gemeinwohl beharre. Deshalb war die Geschichte der Welt bis dato die Geschichte des Konflikts zwischen meinen und deinen Rechten, zwischen dem Individuum und der Gemeinschaft. Gerade wenn die Menschenrechte miteinander in Konflikt geraten, stehen wir vor einem schwierigen ethischen Dilemma. Vielleicht geht es um die Spannung zwischen den Rechten einer Mutter und denen ihres ungeborenen Kindes, wenn eine Abtreibung in Frage kommt; oder zwischen dem Recht eines Grundstückbesitzers auf sein Eigentum und seine Ruhe einerseits und dem Bedürfnis der Gesellschaft nach einer neuen Autobahn oder einem neuen Flughafen andererseits; oder zwischen der Rede- und Versammlungsfreiheit, die eine Bürgerinitiative für eine geplante Demonstration beansprucht, und dem Recht der Einwohner des Ortes, in ihrer Ruhe nicht gestört zu werden und ihre Geduld nicht auf die Probe stellen lassen zu müssen.

Der Konflikt der Rechte, der uns in der Bibel regelmäßig vor Augen geführt wird, nimmt allerdings eine etwas andere Form an. Hier wird hervorgehoben, daß ein Mächtiger kein Recht hat, einer Gemeinschaft seinen Willen aufzuzwingen, und daß eine Gemeinschaft die Rechte eines einzelnen oder einer Minderheit nicht mißachten darf. Das mosaische Gesetz gewährt den Schwachen und Verwundbaren besonderen Schutz. Weit davon entfernt, solche Menschen auszubeuten, sollte Gottes Volk seinen Mund für die Stummen auftun und für die Ohnmächtigen – einschließlich der eigenen Feinde – eintreten. Das hat Paul Oestreicher wie folgt sehr fein zum Ausdruck gebracht:

> Werden die Elektroden angeschlossen, leidet der Gefolterte gleichermaßen, ob die »Sicherheitskräfte« nun meinen, das freie Unternehmertum vor der Revolution oder die Revolution vor der Reaktion zu retten … Selbst bin ich weder dem Liberalismus noch dem Marxismus verpflichtet, sondern einer kuriosen Idee,

die von einem zum nonkonformistischen Wanderprediger gewordenen Zimmermann aus Palästina verbreitet wurde, nämlich daß die Art, wie wir unsere Feinde behandeln, der Prüfstein unserer Menschlichkeit ist... Die Reife und Menschlichkeit einer Gesellschaft läßt sich am Grade der Würde messen, den sie den Unzufriedenen und Ohnmächtigen zugesteht.[8]

Die Gleichheit aller Menschen kommt in jenen bekannten Worten der Bibel zum Ausdruck: »kein Ansehen der Person«. Der englische Ausdruck »no respect of persons« (keine Achtung der Person) ist hier irreführend, denn Personen müssen unbedingt geachtet werden. Der ursprüngliche griechische Ausdruck bedeutet jedoch, wörtlich übersetzt: »keine Annahme von Gesichtern«. Wir dürfen im Umgang mit anderen Menschen nie »parteiisch« sein. Wir dürfen niemandem nur deswegen besondere Achtung zollen, weil er reich, berühmt oder einflußreich ist. Darauf legen die Verfasser der biblischen Schriften besonderen Nachdruck. Mose erklärte beispielsweise: »Der Herr, euer Gott, ist der Gott aller Götter und der Herr über alle Herren, der große Gott, der Mächtige und der Schreckliche, der die Person nicht ansieht...« Darum durften auch die israelitischen Richter nie parteiisch sein, sondern mußten »den Kleinen hören wie den Großen«.[9]

Die gleiche Wahrheit wird auch im Neuen Testament hervorgehoben. Gott ist der unparteiische Richter, der weder auf das Äußere noch auf die Umstände schaut. Einerlei, aus welchem Land wir stammen oder welchen sozialen Hintergrund wir haben – Gott macht keine Unterschiede.[10] Jesus wurde einmal mit folgenden Worten beschrieben, die ihm vielleicht schmeicheln sollten, aber dennoch zutrafen: »Lehrer, wir wissen, daß es dir nur um die Wahrheit geht. Du läßt dich nicht von Menschen beeinflussen, auch wenn sie noch so mächtig sind« (Mk. 12,14 nach der »Guten Nachricht«). Das will heißen: Jesus erwies weder den Reichen und Mächtigen besonderen Respekt noch verachtete er die Armen und Schwachen. Er brachte allen Menschen die gleiche Achtung entgegen, ohne ihren sozialen Status zu berücksichtigen. Wir müssen es ihm gleichtun.

Das beste Beispiel dieses Prinzips findet sich meines Erachtens im Buche Hiob, und zwar in Hiobs letztem Appell um Gerechtigkeit, nachdem seine drei »Freunde« endlich mit ihren ungerechten, verletzenden und unwahren Beschuldigungen aufgehört haben. Hiob hält an seiner Unschuld fest, bekennt aber gleichzeitig, daß Gott ein gerechter Richter sei. Sofern er Gottes Gesetze durch

Unzucht, Götzendienst oder Unterdrückung übertreten habe, solle Gottes Gericht tatsächlich über ihn kommen. Hiob setzt seinen Appell mit folgenden Worten fort: »Hab ich mißachtet das Recht meines Knechts oder meiner Magd, wenn sie eine Sache wider mich hatten, was wollte ich tun, wenn Gott sich erhebt, und was würde ich antworten, wenn er nachforscht? Hat nicht auch ihn erschaffen, der mich im Mutterleibe schuf, hat nicht der *Eine* uns im Mutterschoß bereitet?« (Hiob 31,13-15) Auch in bezug auf sein Verhalten gegenüber den Armen und Bedürftigen und den Waisen und Witwen kann Hiob im gleichen Stil fortfahren. Alle Menschen haben die gleichen Rechte, weil sie denselben Schöpfer haben. Sowohl die Würde als auch die Gleichheit aller Menschen führt die Schrift auf die Tatsache der Schöpfung zurück.

Dieses Prinzip sollte in der neutestamentlichen Gemeinde noch deutlicher sichtbar sein, denn Christen haben auch denselben Erlöser. Das Verhalten von Herren und Sklaven untereinander regelt Paulus dadurch, daß er sie an ihren gemeinsamen himmlischen Herrn erinnert, bei dem kein Ansehen der Person gilt.[11] Jakobus bemüht sich, alle Klassenunterschiede aus dem öffentlichen Gottesdienst zu verbannen. Er besteht darauf, daß es zwischen Reichen und Armen, die an Jesus Christus gläubig geworden sind, kein Ansehen der Person geben darf (Jak. 2,1-9). Aber diese Wahrheit müßte auch unter Ungläubigen selbstverständlich sein. Unser gemeinsames Menschsein müßte ausreichen, um den Parteigeist und das Privilegiendenken abzuschaffen und es zu einer Selbstverständlichkeit zu machen, daß alle Menschen den gleichen Status und die gleichen Rechte haben. Wer die Menschenrechte verletzt, bestreitet, daß allen Menschen aufgrund der Schöpfung die gleiche Behandlung zusteht. »Wer dem Geringen Gewalt tut, lästert dessen Schöpfer« (Spr. 14,31). Wenn Gott, wie oft behauptet wird – wir werden in Kapitel 12 darüber zu sprechen haben – die Armen bevorzugt, wenn wir es ihm gleichtun sollen und wenn eine solche Bevorzugung nicht gegen die Regel »kein Ansehen der Person« verstößt, dann muß dieses Verhalten gerechtfertigt sein, entweder weil die Gesellschaft als Ganzes dazu neigt, die Armen zu benachteiligen, oder weil die Armen sonst niemanden haben, der für sie eintritt.

Die Tatsache, daß es bei Gott kein Ansehen der Person gibt, begründet die biblische Tradition des prophetischen Protests. Die Propheten verurteilten mutig tyrannische Führer, vor allem wenn es sich um die Könige von Israel und Juda handelte. Diese Monarchen galten zwar als »Gesalbte des Herrn«, doch bedeutete das keineswegs, daß sie über jegliche Kritik und jeglichen Vorwurf erhaben waren. Gewiß, den Regierenden mußte um ihres Amtes willen die gebührende Achtung entgegengebracht werden. Aber sobald sie versuchten, statt Autorität Tyrannei auszuüben oder ihre legitime Regierungsbefugnisse in eine Despotie umzuwandeln, leisteten die Propheten entschiedenen Widerstand. David war der bekannteste aller Könige Israels, doch gab ihm das nicht das Recht, Uria zu töten und dessen Frau Batseba zu stehlen. Weil er es trotzdem tat, sandte Gott den Propheten Nathan, um ihn zurechtzuweisen. Als Ahab König von Samaria war, wähnte seine Frau Isebel, seine Macht sei absolut. »Bist du nicht König über Israel?« fragte sie ihn verächtlich, als sie merkte, wie er schmollte, weil Nabot sich geweigert hatte, ihm seinen Weinberg zu verkaufen. Später ließ Ahab Nabot ermorden und beschlagnahmte seinen Besitz, aber Gott sandte Elia, um ihn zu rügen. Im 7. Jahrhundert v. Chr. war Jojakim König von Juda, doch er hatte kein Recht, die Zwangsarbeit einzuführen und sich einen luxuriösen Palast zu bauen. »Wehe dir«, rief Jeremia. »Meinst du, du seiest König, weil du mit Zedern prangst?« Dann erinnerte ihn der Prophet an seinen Vater Josia: »Er hielt auf Recht und Gerechtigkeit, und es ging ihm gut. Er half dem Elenden und Armen zum Recht, und es ging ihm gut... Aber deine Augen und dein Herz sind auf nichts anderes aus als auf unrechten Gewinn und darauf, unschuldig Blut zu vergießen, zu freveln und zu unterdrücken.« Niemand würde ihn nach seinem Tod beklagen, fügte Jeremia hinzu, sondern er sollte wie ein Esel begraben werden, fortgeschleift und hinausgeworfen vor die Tore Jerusalems.[12]

Heute schieben Diktatoren die »nationale Sicherheit« als Grund vor, Menschen willkürlich verhaften und internieren zu lassen oder sie ohne öffentlichen Prozeß gefangenzusetzen oder hinzurichten. Man fragt sich, wie ein biblischer Prophet reagiert hätte. Protestaktionen innerhalb des betroffenen Landes würden den Propheten den Kragen kosten. Aber die Art von Arbeit, die Amnesty International von außen her leistet, wird dem biblischen Vorbild einigermaßen gerecht, denn es wird hier anerkannt, daß bei Gott »kein Ansehen der Person gilt«. Was die Menschenrechte betrifft, gibt es gleiches Recht für alle.

Wird im Gespräch das Thema Menschenrechte angeschnitten, gehen Christen oftmals in Deckung. Sie haben das Gefühl, hier will jemand zum Nachteil anderer seine Rechte durchsetzen. Der Begriff Menschenrechte erhält so einen Anflug von Konfliktbereitschaft und Egoismus. Darum ist es wichtig, daß wir an dieser Stelle die Beziehung zwischen Rechten und Pflichten erläutern.

Die Bibel hat viel darüber zu sagen, daß wir die Rechte anderer, aber nur wenig darüber, daß wir unsere eigenen Rechte verteidigen sollen. Im Gegenteil, nicht unsere Rechte, sondern unsere Pflichten werden in der Bibel unterstrichen. Wir sollen Gott und unseren Nächsten lieben. Mit diesen beiden Forderungen wird unsere ganze Pflicht umrissen, denn, wie Jesus sagte: »In diesen beiden Geboten hängt das ganze Gesetz und die Propheten« (Matt. 22,40). In der Tat enthält die Bibel, wie Dr. Christopher Wright bemerkt hat, keine Allgemeine Menschenrechtserklärung, sondern »eine allgemeine Erklärung menschlicher Pflichten« – vor allem, was die Liebe zu Gott und unserem Nächsten angeht.[13] Die Bibel bringt unsere Rechte und Pflichten sogar miteinander in Verbindung, denn sie hebt hervor, daß es zu unseren Pflichten gehört, für die Rechte unseres Nächsten einzutreten, auch wenn dies bedeutet, daß wir auf eigene Rechte verzichten müssen.

Das großartigste Beispiel für einen solchen Verzicht lieferte Jesus Christus selbst. Obwohl er in der Ewigkeit »in göttlicher Gestalt« war, »hielt er es nicht für einen Raub, Gott gleich zu sein, sondern entäußerte sich selbst und nahm Knechtsgestalt an, ward den Menschen gleich und der Erscheinung nach als Mensch erkannt« (Phil. 2,6+7). Sein ganzes Leben lang wurde Jesus immer wieder das Opfer von Menschenrechtsverletzungen. Als Baby war er ein Flüchtling in Ägypten, später wurde er in seinem eigenen Land zum Propheten ohne Ehre. Als Messias wurde er vom religiösen Establishment seines eigenen Volkes, für das er gekommen war, abgelehnt. Er wurde um seiner Überzeugung willen gefangengenommen und weigerte sich, Kompromisse einzugehen, um seine Freilassung zu bewirken. Nachdem eine falsche Anklage gegen ihn erhoben worden war, wurde er zu Unrecht verurteilt, brutal gefoltert und zuletzt gekreuzigt. Auf diesem Leidensweg lehnte er es ab, seine eigenen Rechte zu verteidigen oder zu fordern, sondern stärkte vielmehr die unsrigen, indem er sich selbst aufopferte.

»Ein jeder sei gesinnt, wie Jesus Christus auch war«, schrieb Paulus – und setzte das, was er predigte, in die Praxis um. Als Apostel hatte er gewisse Rechte, z.B. das Recht, zu heiraten, oder das Recht, finanzielle Unterstützung zu erhalten. Aber um des Evangeliums willen verzichtete er auf diese Rechte, wurde jedermann zum Knecht und stärkte auf diese Weise die Rechte anderer (siehe z.B. 1. Kor. 9).

Der Verzicht auf eigene Rechte, so unnatürlich und idealistisch er uns vorkommen mag, ist ein wesentliches Merkmal von Gottes neuer Gesellschaftsordnung. Draußen in der Welt behaupten die Menschen ihre eigenen Rechte und üben Gewalt aus. »Aber so ist es nicht unter euch«, sagte Jesus. Im Gegenteil, wer in seiner Gemeinschaft groß sein will, der muß zum Diener werden, der Leiter zum Sklaven, der Erste zum Letzten. Denn die Liebe »sucht nicht das Ihre«, wie Paulus feststellte. Diese Grundsatzhaltung, wie wir sie bei Jesus sehen, sollte auch in jeder anderen Situation bestimmend sein. Christen sollten beispielsweise nicht miteinander vor Gericht ziehen, vor allem nicht vor ein weltliches Gericht. In Korinth bedeutete ein solcher Rechtsstreit einen Skandal. Heute steht es in Indien, Pakistan, Sri Lanka und anderen Ländern nicht anders. Die Gläubigen sollten in der Lage sein, ihre Rechtssachen unter sich zu regeln. Aber Paulus fragt: »Warum laßt ihr euch nicht lieber Unrecht tun? Warum laßt ihr euch nicht lieber übervorteilen?« Wäre das nicht besser? Wäre das nicht der Weg Jesu?

Im ersten Jahrhundert wurde dieses Prinzip ebenfalls auf das Verhalten von gläubigen Sklaven angewandt, deren Herren grausam waren und sie mißhandelten. Was sollten sie tun, wenn sie zu Unrecht geschlagen wurden? Sie sollten es geduldig ertragen und so in den Fußstapfen Christi folgen, der nicht mit Vergeltung drohte, sondern sich und seine Sache dem gerechten Richter überließ.[14] Dieser letzte Punkt – nämlich daß Jesus nicht nur auf Vergeltung verzichtete, sondern sich gleichzeitig Gott auslieferte, – ist wichtig und darf nicht übersehen werden. Wer auf seine Rechte verzichtet, heißt das Unrecht nicht gut. Wir rächen uns deshalb nicht, weil es allein Gott zusteht zu richten (Röm. 12,19). Außerdem wird Jesus Christus einst wiederkommen, um alles Unrecht ans Licht zu bringen und die Gerechten endgültig und öffentlich zu rechtfertigen.

* * *

Wie sehen wir also als Christen die Menschenrechte? Zunächst bejahen wir die Würde des Menschen. Alle Menschen sind im Ebenbild Gottes geschaffen, um ihn zu erkennen, einander zu dienen und die Erde zu verwalten, und deshalb müssen sie geachtet werden. Zweitens behaupten wir, daß alle Menschen gleich sind. Alle Menschen sind von demselben Schöpfer in seinem Ebenbild geschaffen, und deshalb dürfen wir uns nicht einigen Menschen gegenüber unterwürfig verhalten, während wir andere verachten, sondern sollten allen Menschen gegenüber unparteiisch sein. Wir bejahen aber drittens die Verantwortung des Menschen. Gott hat es uns auferlegt, unseren Nächsten zu lieben und ihm zu dienen. Deshalb müssen wir uns für seine Rechte einsetzen und, falls es erforderlich ist, auf unsere eigenen Rechte zu verzichten bereit sein.

Daraus ergeben sich zwei wichtige Schlußfolgerungen. Erstens müssen wir akzeptieren, daß wir für die Rechte anderer verantwortlich sind. Wir sind in der Tat unseres Bruders Hüter, weil Gott uns zu Mitgliedern derselben menschlichen Familie gemacht hat. Wir sind miteinander verwandt und füreinander verantwortlich. Sowohl das Gesetz und die Propheten wie auch Jesus und seine Apostel erlegen uns die Pflicht auf, den Armen zu dienen und die Ohnmächtigen zu verteidigen. Dadurch, daß wir behaupten, nicht für sie verantwortlich zu sein, können wir dieser Pflicht nicht ausweichen.

Alexander Solschenizyn sagte einmal: »Auf diesem unserem Planeten gibt es keine inneren Angelegenheiten mehr. Der Mensch wird nur dann zu retten sein, wenn jeder sich für die Angelegenheiten des anderen interessiert.«[15] Wir müssen den Schmerz derer, die unterdrückt werden, mitempfinden. »Denkt an die Gefangenen, als wärt ihr Mitgefangene, und an die Mißhandelten, weil ihr auch noch im Leibe lebt« (Heb. 13,3). Wer diesem Wort gehorchen will, wird sich möglicherweise gründlicher als bisher über Menschenrechtsverletzungen in unserer heutigen Welt informieren müssen.[16] Aber welche Aktionsmöglichkeiten wir auch immer bevorzugen, wir sollten unbedingt darauf achten, daß wir mit den Methoden, die wir anwenden, die Menschenrechte, für die wir kämpfen, nicht selber verletzen.

Zweitens sollten wir Jesu Plan viel ernster nehmen, daß die christliche Gemeinde für andere Gemeinschaften vorbildlich sein soll. Ich denke hier also nicht nur an unser Verhalten als Christen zu Hause und bei der Arbeit, wo wir uns als Ehemänner und Ehefrauen, als Eltern und Kinder, als Arbeitgeber und Arbeitnehmer einander in der Furcht Christi unterordnen sollen (Eph. 5,21). Ich denke insbesondere an das Leben der Ortsgemeinde, die ein sichtbares Zeichen der Herrschaft Christi sein soll. In dieser Welt sollte die Kirche einzigartig dastehen als eine Gemeinschaft, in der die Würde des Menschen und die Gleichheit aller stets anerkannt werden. Christen sollten die Rechte anderer stets fördern und niemals verletzen, ihre eigenen aber oftmals zurückstellen. So etwas wie Parteigeist, Cliquenwirtschaft oder Diskriminierung sollte es in der Gemeinde nie geben; dort sollten die Armen und Schwachen in Schutz genommen werden. In der Gemeinde sollten die Menschen frei sein, um so zu leben, wie es Gottes Plan entspricht.

Anmerkungen:

1 Eine akkurate Statistik über Menschenrechtsverletzungen in unserer Zeit ist schwer zu bekommen. Die hier verwendeten Zahlen sind einer Vielzahl von Quellen entnommen; siehe insbesondere die Jahresberichte von Amnesty International sowie David Hayes, *Human Rights*, 1980.

2 Aus dem Leitartikel von Emilio Castro in: *International Review of Missions*, vol. LXVI, Nr. 263 (Juli 1977). Das Thema dieser Ausgabe war »Die Menschenrechte.«

3 Die wohl nützlichste Textsammlung ist: Ian Brownlie (Hrsg.), *Basic documents on Human Rights*, 2. Aufl. 1984

4 Aus Dr. Maliks Einleitung zu O. Frederick Nolde, *Free and Equal: Human Rights in Ecumenical Perspective*, 1968.

5 Thomas Paine, *The Rights of Man*, 1791. Deutsch: *Die Rechte des Menschen*, Frankfurt/M. 1973.

6 William Temple, *Citizen and Churchman*, 1941.

7 Siehe: Kurt Scharf, »The Human Rights of the Malefactor«, in: *International Review of Mission*, op. cit.

8 Paul Oestreicher, *Thirty Years of Human Rights*, 1980

9 Deut. 10,17; 1,16+17; vgl. 16,18+19

10 z.B. Apg. 10,34; Röm. 2,11; 1. Pet. 1,17.

11 Eph. 6,9; vgl. Kol. 3,25.

12 Der prophetische Protest gegen diese drei Könige ist nachzulesen in 2. Sam. 11+12 (David und Nathan), 1. Kön. 21 (Elia und Ahab) und Jer. 12,13-19 (Jeremia und Jojakim).

13 Christopher J. H. Wright, *Human Rights: A Study of Biblical Themes*, 1979.

14 Zu diesem Verzicht auf eigene Rechte siehe Mk. 10,42-45 (»So ist es nicht unter euch«); 1.Kor. 13,5 (Liebe); 1. Kor. 6,1-8 (Rechtsstreit); 1. Pet. 2,18-25 (Sklaven).

15 Nobelpreisrede 1970.

16 Wer genaue, gewissenhaft überprüfte Informationen über die heutige Situation in der Sowjetunion und in Osteuropa erhalten möchte, sollte das Keston College anschreiben. Die Anschrift lautet: Institute for the Study of Religion and Communism, Heathfield Road, Keston, Kent BR2 6BA, England. (Korrespondenz in englischer Sprache.) Allgemeine Informationen über Menschenrechtsverletzungen, insbesondere über unrechtmäßige Inhaftierungen und die Anwendung der Folter sind bei Amnesty International erhältlich: Venusbergweg 48, D-5300 Bonn; Franz-Hochedlinger-Gasse 6, A-1020 Wien; Postfach 1051, CH-3001 Bern.

CHRISTSEIN IN DEN BRENNPUNKTEN UNSERER ZEIT

Dieses Werk ist ein Handbuch für die kommenden Jahre. John Stott hat ein Buch geschrieben, das helfen will, das christliche Denken in bezug auf die Hauptprobleme unserer Zeit zu definieren. »Eins der bemerkenswertesten Kennzeichen der weltweiten evangelikalen Bewegung in den letzten 10 - 15 Jahren ist das Wiederaufleben unseres vorübergehend in Vergessenheit geratenen sozialen Verantwortungsbewußtseins. Wir sind auf diesem Gebiet inzwischen weit ins Hintertreffen geraten. Es gibt viel nachzuholen.

Wir veröffentlichen John Stotts Standardwerk in vier Bänden:

Band 1: **... in einer nicht-christlichen Gesellschaft**
Edition C, Nr. D 10, 116 Seiten

Band 2: **... im globalen Bereich**
Edition C, Nr. D 11, 112 Seiten

Band 3: **... im sozialen Bereich**
Edition C, Nr. D 12, ca. 120 Seiten

Band 4: **... im sexuellen Bereich**
Edition C, Nr. D 13, ca. 120 Seiten

DIE AKTUELLE RUNDE

In diesen Büchern diskutieren jeweils vier Theologen ein Thema. Jeder einzelne stellt seinen Standpunkt dar, worauf die anderen drei aus ihrer Sicht Stellung beziehen.

Robert Clouse (Hrsg.)
Der Christ und der Krieg
Edition C, Nr. D 7, 164 Seiten

Dürfen Christen an einem Krieg teilnehmen? Wenn ja, unter welchen Bedingungen? Wenn nein, warum nicht? Diese Fragen werden bereits seit Jahrhunderten immer wieder diskutiert und durchlitten.

David & Randall Basinger (Hrsg.)
Die Weltregierung Gottes und die Freiheit des Menschen
Edition C, Nr. D 8, 192 Seiten

Der christliche Glaube bringt uns in ein Dilemma. Einerseits glauben wir, daß Gott uns als Wesen geschaffen hat, die moralische Verantwortung tragen und darum imstande sind, sinnvolle ethische Entscheidungen zu treffen. Andererseits glauben Christen, daß Gott in allen irdischen Angelegenheiten die Oberherrschaft ausübt. Können wir gleichzeitig frei und vorherbestimmt sein?

Robert Clouse (Hrsg.)
Das Tausendjährige Reich
Bedeutung und Wirklichkeit
Edition C, Nr. D 9, 172 Seiten

Seit dem ersten Jahrhundert gibt es zu diesem Thema viele Meinungsverschiedenheiten. Wie wird Christus wiederkommen? Wie wird das Königreich aussehen, das er errichten wird? Welche Bedeutung hat das Tausendjährige Reich? Diese Fragen bewegen uns auch noch heute.